丝路百城传

"丝路百城传"丛书编委会和编辑部

编委会

主　任：杜占元

常务副主任：陆彩荣

副主任：刘传铭

委　员：（按姓氏笔画排序）

丁　方　万俊人　马汝军　王卫民　王子今

王邦维　王守常　吕章申　邬书林　刘文飞

齐东方　李敬泽　连　辑　邱运华　辛　峰

张　帆　张　炜　陈德海　胡开敏　徐天进

徐贵祥　诺罗夫（乌）　黄　卫　龚鹏程

阎晓宏　彭明哲　葛剑雄　谢　刚

编辑部

主　任：马汝军　胡开敏

副主任：邹懿男　文　芳

委　员：简以宁　蔡莉莉　陈丝纶

FOSHAN
THE BIOGRAPHY

南 风 文 脉 一 眼 千 年

佛山传
FOSHAN

张 况 ——— 著

出版说明

2013年，中国国家主席习近平向世界提出共建"一带一路"的倡议。自提出以来，"一带一路"倡议深刻影响世界，逐渐从理念转化为行动，从愿景转变为现实，建设成果丰硕，得到国际社会热烈响应。

古丝绸之路打开了各国各民族交往的窗口，书写了人类文明进步的历史篇章。新时代共建"一带一路"的实践，为沿线国家和地区相向而行、互学互鉴提供了平台，促进了不同国家和地区、不同民族、不同文化、不同文明的深入交流。

城市是人类文明的结晶。"一带一路"沿线的城市中，蕴藏着人类千年的历史、多元的文化和无尽的动人故事。我们希望通过出版"丝路百城传"，展现每座城市独一无二的历史和性格，汇聚出丰富多彩、生动可感的"一带一路"大格局，增进文化交流和文明互鉴。

这是一次前所未有的出版探索，我们虽竭尽全力，也深知有诸多不足。期待这套丛书能够得到读者的喜欢，也期待更多的读者、作者、专家、学者等各界朋友们对我们的出版工作给予指正。

"丝路百城传"丛书编辑部

古今《佛山赋》/ 1

第一章　塔坡禅寺肇初地
　　　　得名佛山说缘由 / 3
　　　　初地佛与山 / 7

第二章　岭南巨镇佛山史
　　　　赵佗归汉青史功 / 11
　　　　置郡南海万世长 / 15

第三章　封域山川留胜迹
　　　　一方水土一方人 / 23
　　　　山川如此形胜 / 26

第四章　内涌外河筑基围
　　　　南海自古佑中华 / 33
　　　　佛山人心中之"海" / 36
　　　　王岗何须借 / 41
　　　　今昔云泥桑园围 / 44

第五章　流年五千石湾陶

峥嵘初露·河宕贝丘遗址 / 51

石湾陶基因密码 / 53

风雨陶师庙 / 61

石湾陶韵"海丝"情 / 67

行会不是无情物 / 75

陶醉天下凤凰飞 / 79

南风古灶与广东石湾陶瓷博物馆 / 89

建筑艺术与陶瓷多维度融合 / 91

记住这些大师的名字 / 95

第六章　佛药"佛医"故事多

抱朴子南海炼丹 / 119

"国医"走"单骑" / 124

最是"海丝"佛药情 / 128

最忆当年老字号 / 135

群星闪耀杏林榜 / 156

第七章　尚武精神世代传

历史霞光中的南拳北腿 / 173

"海丝"飘带上的佛山武林往事 / 180

爱国怀乡武师情 / 199

第八章　汾江风雨连"海丝"

禅城最灵动的部位 / 215

能工巧匠"佛山造" / 218

汾水潋滟忆名伶 / 221

"竹枝词里"的"佛山八景" / 224

庆真楼高扬"孝德" / 230

终归不复旧繁华 / 237

第九章　一桥风雨话沧桑

通济天下连心桥 / 243

闲与朗月忆旧游 / 246

几番浴火喜重生 / 250

第十章　味蕾舌尖颊生香

天降佳肴飨宾朋 / 257

最是胜味能留客 / 260

市声灯影香如故 / 265

文化名人爱美食 / 268

民俗美食两相宜 / 273

第十一章　诗意之城蔚文风

湾区视野的诗意之城 / 279

佛山：中国长诗奖诞生地 / 283

文艺茵蔓幸福城 / 288

古今《佛山赋》

《佛山赋》

清·梁序镛

南海衣冠之气，番禺都会之区。仙城穗降，珠海澜趋。人文瑞应，天市垣符。通阛带阓，曲路交衢。宅以万户，辟此一隅。乾坤萃其清淑，山川蔚其扶舆。原夫佛山之称也。慧业三生，色身千劫。埋宝相于涅盘，出金人于荷锸。建兰若之层层，洗莲花之叶叶。佛则庄严，山则岌嶪。尔乃地脉蜿蜒，冈势崛岉。西淋耸南，王借峙北。蠄阜顶园，鹰沙嘴直。绿松点黛，朱霞炫赩。斯卫翊之钟灵，实奥衍之启域。况复汾流近碧，郁水遥青。既缭绕以如带，复交锁而如扃。分燕尾而异岸，曲莺脰而连汀。趋海门而屡折，回沙角而还停。当其万瓦齐鳞，千街错绣。棋布星罗，栉比辐辏。炊烟乱昏，灯火连昼。二十七铺之尘，一十三汛之堠。社鼓赛而雷鸣，市廛闠而云逗，爰有芝房胹蠵，桂观明禋。络以珠玉，构以金银。经垂帝颛顼之祀，纬称汴光纪之神。璧主图书启献，斗司挹注勤民。神镜与汤盘并古，宝瓶偕禹鼎同珍。仰灵旗于太乙，效皇舞于上辛。九重开乎闾阖，万姓荷其陶甄。于是懋迁有无，阜通货贿。龙户伙颐，蛮船欸乃。帆拖春水之蓝，旗炫斜阳之采。运再稻而堆黄，装六米而稽凯。牙郎借箸而筹，右师拥榰而待。賨艨购于蕃帆，虞衡通于桂海。纷杂糅以越纻吴绫，

佛山东平大桥

光陆离而阛玉胡琲。刻楮薄三年之能，铸铁无六州之悔。斯食货之攸关，遑觑缕夫琐猥。若乃鸣珂号里，昼锦称坊。门曰通德，宅曰高阳。乌衣群谢，马粪诸王。则知地以人著，名以行芳。

溯前贤而俯仰，览胜地而徜徉。里学留馨于俎豆，义勇著绩于旗常。薇省尚书之第，兰台御史之庄。喜登瀛而作署，应列宿以为郎。社有榕而风自古，园有鹤而迹未荒。迄今文风日盛，文采愈彰。云蒸霞蔚，凤翥鸾翔。延陵拥碧幢而建节，陇西献丹扆而巡方。十仞之台既著，百川之汇斯长。春何杏而不紫，秋何桂而不黄。宜品藻者羡三株之宅，会文者登大树之堂。乱曰珊瑚兮海市，嫏嬛兮福地。百万买邻兮吾其何寄。

《佛山赋》

张 况

　　五岭佛山，声名远扬。肇迹于晋，得名于唐。东襟羊城福祉，西拔鼎湖天光。南倚中江锦屏，北开清韶玉嶂。上承五千年煌煌血脉，下启一千载熙熙春阳。秦汉惠风流馨，明清雅韵含香。气质冠岭南之表，人文泽四海三江。下迄则有四聚之宏阔美誉，上溯乃见四镇之宽博名堂。

　　塔坡庙，季华乡。越王地，鱼米香。宏开甲地，脉续炎黄。邑筑百越，郡置始皇。以耕以读，祖德流芳。乃仁乃圣，长发其祥。热土催奋发，南风起湾江。樵山倡理学，渔歌织水网。丹灶炼精魂，葛洪道义当。

侠骨蔡李佛，咏春铸臂膀。南狮舞太平，龙舟翻绿浪。美食飨宾朋，汤药濯民殇。秋色剪纸展古镇之风采，粤剧陶艺昭名城之辉煌。

祖庙文如璧，仁寿梵音扬。镬耳东华里，汾宁古渡长。飞鸿敬天地，群星聚草堂。骑楼庇风雨，东平风帆扬。旋宫颂升平，筷子松风香。西岸鸟声脆，南丹叠翠苍。蠄冈魁星显，灯湖斗牛光。顺峰宝林寺，陈村花木场。绿岛恬怡地，碧江金楼芳。千寻皂幕阅遍人间春色，万丈清晖检点碧溪秋霜。汾水流舸梓里商埠融四海，通济天下一桥风雨集千祥。红豆粤韵万千离合盈水袖，禅风暖心几许悲欢辨苍黄。盈香生态森林公园幽雅处，长鹿农庄平洲玉器梦水乡。古灶薪传五百年窑火煅铸石湾公仔心中神曲，云水荷香三千顷碧波涤荡六和寿星眼底沧桑。风情淡如水邻里守望两袖清风暖四季，民俗醇似酒家道和睦一壶正气醉九江。古邑传薪南国鹤舞桃源山水秀，红棉春意花海奇观梁园翰墨香。龙形凤势福禄登云昂首阔步湾区经济圈，村尾垂虹南浦客舟魅力胜景国运万年长。

科举状元榜，圣域七魁郎。英风荡六合，豪气冲八荒。春秋享太平，文武共昭彰。邑人仗义多豪侠，麟麟正气振家邦。男儿许国带吴钩，巾帼堪比须眉强。梁储献夫阁老首辅，霍韬待问尚书朝堂。文会镇孙殿试鼎元，士俊耀枢文叙金榜。可贞大宁武魁冠首，宗浚彭年以训铿锵。庞嵩尚鹏岁寒守志，文田文俊探花奇香。邝露廷枏梦吉有誉，邦彦大相黎简诗彰。士诒昭度心系家国，鸿慈荫桓使外秉常。叶问小龙尚武崇德，有为跻人醒世雄章。天佑启沅香凝九隅，次琦伯奇玉书五行。渭岩刘传景舒艺苑，师曾觉先尤精唱腔。曼薇家宝品超红船，煜全赓麟作育栋梁。吴勤邓培三谭红心，铁军登贤忠魂烈刚。晋才士聪可法衍达，孔殷国钟绍基科场。肇直肇邺智仁学界，启铿允怡雄飞五洋。

桑梓倡文明，创新驱动忙。宜居宜业地，民航聚贾商。一环创新圈，产业生态乡。地铁通民意，广佛乐共享。幸福高指数，浪漫逐诗行。斯域盖世善，斯民拔山壮。有家必有佛山造，大匠斤风震天罡。心怀佛性缘普度，人成山陵续慈航。三阳开禅城春色，四时披顺德云裳。南海风正帆悬，高明绿意盎扬。新城玉楼蔚起，三水堪酿琼浆。国富缘沃土，仓廪固金汤。百越繁华地，千秋铸班香。龙翔寰宇兆国祚之斯盛，凤翥九天知民心其所向。九州金瓯一统，佛山福泽绵长。

岁次戊戌初秋

佛山石垦村 南华草堂

FOSHAN
THE BIOGRAPHY

佛山传

第一章　塔坡禅寺肇初地

得名佛山说缘由

佛山之所以被誉为国家级历史文化名城,是因为有底蕴深厚的历史文化。据考证,佛山的人类历史起源于现禅城区澜石街道区域。距今约4500—5500年前,百越先民沿西江、北江而下,来到这里繁衍生息。流水的声音可以做证,这是一群逐水草而居的生命,他们一如朝着岁月绽放的不知名的花朵,只顾璀璨,不惧枯荣。古佛山当然也是其中一个不可或缺的聚落点。

佛山先民主要以捕鱼、狩猎为主,制作一些简单的几何印文陶器、骨器、玉石等手工制品。为了生存,他们也会到附近的山冈上采些野果充饥。在与原始大自然作斗争的过程中,他们会制造诸如石刀、石斧、石凿、石锥、骨叉、骨锥和骨箭镞一类的工具。这些简陋工具的使用,体现了佛山原始先民的智慧。

春秋战国时期,两广地区为西瓯和骆越两个百越族支系的生息地。"千古一帝"秦始皇派赵佗和辑百越之后,古佛山成为南海郡属地。赵佗也因此被誉为"岭南人文始祖"、中华民族统一英雄、海上丝绸之路的先驱。赵佗治下的岭南社会经济得到长足发展,边患因其"封关绝道"而逐渐消除。古佛山当然也得沐惠泽,有了进一步发展的可能。

据考古发现，西汉时期铁器开始进入岭南，彼时的古佛山已有佩剑之人行走其间。风过处，萧萧剑气掠过行路，歌吟笑傲都是"武术之乡"早期的气象。

古时多征伐，随着刀的出现及其在战场上的广泛使用，剑开始收敛锋芒，进入鞘中修炼沉稳的"剑气"，并逐渐退出沙场，但剑在民间却得到了更大的发展。

汉武帝灭掉南越之后，岭南从此真正划入中华版图。古佛山作为岭南一镇，历史也翻开了新的篇章。

东汉时，铁器使用已在岭南普及，彼时的佛山先民已掌握了先进的农耕技术，沃野肥畴，河道纵横，佛山作为"鱼米之乡"已初显雏形。

大多数外地人来过佛山之后，都会提出一个问题：佛山既无佛也无山，为何叫"佛山"呢？

佛山最早叫季华乡。相传东晋隆安二年（398），西域僧人达毗耶舍携来三尊小铜佛像，在塔坡岗上搭棚寮讲佛经，宣扬佛法。从此，信佛的男女不断增多。人们捐资为达毗耶舍建造了一座寺庙来栖身和祀佛。达毗耶舍回国之后，寺庙因日久失修而倒塌。

相传在唐贞观二年（628）的一天夜里，当时的塔坡岗上突放奇光，居住在附近的乡民无不感到震惊，大家怀疑塔坡岗上一定有宝物，否则怎会出现这种奇怪现象呢？于是，几个胆大的乡民决定结伴到岗上看看究竟。他们循着奇光挖下去，果然大有收获，三尊古铜佛赫然在目。挖掘现场围满了看热闹的乡民，他们看见擦干净泥土之后的古铜佛瞬间发出熠熠光芒时，无不拍手叫好。这三尊古铜佛很有可能就是寺内原祀的佛像。据说当时几个参与挖掘的乡民合计一番之后，决定继续往下挖，试图看看还有没有新的惊喜发现，但他们再无所获。

塔坡岗上的这次挖掘，可谓挖出了佛山的历史根底，三尊佛像对佛山

佛山的早晨

的命名可谓功莫大焉。自此,乡民们认为这里是佛家之地。在场的人和乡绅认为三尊古铜佛必是天赐吉祥神物,会庇佑一方,于是集资捐款,决定就地建个寺庙,将古铜佛供奉起来,日夕虔诚膜拜,并将寺庙起名为塔坡寺。

后来,人们将古铜佛看成镇中最初的古迹,乃镇寺之宝。于是立石榜改季华乡为"佛山",将此地叫作佛山镇。

这就是佛山得名于唐的最早佐证。

佛山得名之后,随着塔坡寺香火日盛,佛山逐渐成为珠江三角洲地区的佛教中心。佛者,禅也,故人们又称佛山为禅城。

随着时间的流逝,人们的商品意识逐渐增强,于是塔坡一带陆陆续续建起了不少商铺,形成了鳞次栉比的集市之场。而后逢着赶集之日,市声喧嚣,叫卖声与鸡鸭狗叫声混在一起,成为这一带最美的民间交响。

唐贞观年间的佛山石榜

慢慢地，不少外地人也迁到这里来谋生，有的人开起了小作坊，有的人做起了小营生。这些人在佛山结婚生子，成家立业，与佛山原住民杂居一起，历经朝代变迁，佛山慢慢繁衍兴盛起来。

据载，明洪武二十四年（1391）塔坡寺被拆毁，后又曾重建。至明天启七年（1627）塔坡岗再次罹劫，遭到被平整的命运。无奈之下，乡民们只好将三尊古铜佛像移到医灵铺万寿坊前，以虔敬之心崇建琳宫，以昭隆重。远远看去，塔坡寺一带林木蓊郁，池沼田畴一望无际，远山浮翠，出于林表。加上这里蕴藉宜人，地极清幽，实在是佛家的妙境。

佛山自得名后，历唐、五代十国、两宋、辽、西夏、金、元、明、清、民国诸朝，至今已有一千多年历史，百姓在这里安居乐业，社会经济慢慢发展。塔坡寺也一直都是佛山历史发展的见证。

初地佛与山

丰硕是一种厚度，有厚度的佛山，总在晨昏的边界线上追逐旷野的空茫。佛山的佛教，盛于清代，寺庵散落全市。除"经堂"和明崇祯的铁佛庵外，在顺治年间建有仁寿寺、空觉庵、德寿寺等，康熙年间建有三元寺、宏圣庵、借庵、豹庵、西庵、湖峰寺、龙池寺、观音堂、别院、竹院、宝洲禅院等，雍正年间有通济寺、三时寺、竹林寺、迎寿寺、净莲寺、福源寺、白毫寺、弘圣寺、地藏庵、长庆庵、茶庵、华严庵等，清光绪年间建有吉祥庵、严慧庵、莲社等，共有160余处。

自成陆以后，佛山是有山有岗的（当地人也称岗为"山"）。那时南部边陲有虎岗（万寿坊附近）、前沿有塔坡岗（旧普君圩一带）。中部中段有三穴岗（福贤路居正里到福宁路口），是高而平大的伞形岗，故俗称"黄伞岗"，和塔坡岗同列为佛山八景之一。中部偏南有蜘蛛山，山势不高，实为丘陵，占地广阔，山上分布着形如蛛蜘、水军、亚婆、大塘、石榴、雷么、飞鼠、白马等共18座大土墩；中部偏东有莺岗，是最高的岗，灯盏岗是最矮的岗（今建新路分析仪器厂一带）；中部偏边陲济水左岸孔庙前有泥模岗，是以前冶铁泥模碎片堆积而成；东北部有表岗，是中等的岗（现莲花路大圩）；汾江河支流大基头（桥头左岸）有青云山，与南海县雷

泥模岗

岗山对峙，山势虽不高，但遍布大小嶙峋的石头，故名石云山。

上述诸山岗，除塔坡、三穴、表岗在明代天启年间先后改建为圩、市外，其余虎岗、灯盏、石云山、蜘蛛山、莺岗等，后来均夷为平地，建了民房和厂房，现只有一座泥模岗还存于祖庙侧。这是佛山的"山"和"岗"的变迁情况。这是否让人记起唐代著名诗人杜牧的诗句"南朝四百八十寺，多少楼台烟雨中"，从而想起前朝那个重佛时代呢？谁说佛山无佛又无山？举目都是虔诚至极的崇拜图腾，纵观历史都是岗和山。

新中国成立后，佛山各个庙宇中，唯有生命力顽强的祖庙幸得保存无恙。儒释道济济一庙，是佛山祖庙独有的景观。它被誉为东方艺术之宫，现已成为中外著名的旅游胜地之一，那里面有太多关于佛山和佛山人的不朽记忆。

FOSHAN
THE BIOGRAPHY

佛山传

第二章 岭南巨镇佛山史

赵佗归汉青史功

历史上的佛山一直是岭南重镇，佛山的发展史与中国岭南开发史密不可分，岭南开发史又与大秦帝国统一六国后秦始皇雄霸天下的宏韬大略息息相关。说到底，佛山之所以能成为岭南重镇，得益于两千多年前秦始皇旌麾南指，派遣赵佗平定岭南、和辑百越的重大举措。从逻辑关系上看，岭南史是中国历史的重要组成部分，岭南的开发与秦攻百越之战是分不开的。而佛山历史是中国岭南史的重要组成部分。因此，佛山的发展史离不开中国岭南史的直接滋哺，离不开千古一帝秦始皇当年极有远见的设立南海郡之举，更离不开岭南人文始祖赵佗竭股肱之力开发岭南的功德恩泽。

历史上的秦攻百越之战是秦始皇于公元前219年发动的南征战争，是秦朝统一战争中最艰难激烈的一仗。秦始皇统一六国后，发兵五十万南征百越。据《淮南子》记载：秦军共分五路，一路攻取东瓯和闽越（浙江、福建），两路攻南粤（广东），其余两路攻西瓯（广西）。

史载，秦始皇对百越发动的战争共有三次，统称为"秦始皇三征岭南"。其中最重要和最惨烈的是第一次战争，从公元前219年始至公元前214年结束，历时五年。

大秦帝国第一次南征是公元前219年，秦始皇派屠睢率领五十多万大军，分五路南下攻击闽浙与岭南，出兵当年就攻下闽浙，但进攻广西时，由于主帅屠睢刚愎自用，完全架空副帅赵佗，最终遭到瓯雒军各种出其不意的袭击而大败。

第二次南征是公元前214年，秦军在任嚣和赵佗的率领下进击岭南。任嚣与赵佗密切配合，主帅任嚣采用赵佗"和辑百越"之策，最终和平解除了百越杂牌军的武装，使得百越之地从此纳入秦帝国版图。

胸怀四海的秦始皇，将包括茫茫南海和整个岭南在内的广袤领土领海纳入大秦帝国版图之后，极大地增强了岭南人民与岭北人民的交流。一统天下的秦始皇热爱疆土，也钟情于大海，曾一度热衷于海上寻仙，以求长生不老之药。因此平定岭南之后，秦始皇下旨将茫茫南海也纳入帝国版图，以示帝国广有四海。他顺理成章在岭南设置了南海郡，与桂林、象郡并称"岭南三郡"。

彼时的佛山就在南海郡番禺县治内，虽然尚未得到实质意义上的开发，但据考古发现，早在4500—5500年前，佛山就已有先民活动遗迹留存。

大秦帝国第三次南征是公元前210年。秦始皇在第五次东巡途中驾崩，赵高联手胡亥胁迫李斯发起沙丘之变，胡亥矫诏杀兄登位，成为秦二世。秦二世劣迹斑斑，罄竹难书，对秦廷绝望的赵佗见状直接率军攻取瓯雒地区。

赵佗（约前240—前137）祖籍恒山郡真定县，是秦朝南海郡龙川县令，南越国创建者，与任嚣一起南下攻取百越，平定岭南。

秦末大乱时，赵佗割据岭南，建立南越国。南越国建立伊始，赵佗实施"和辑百越"政策，引入中原农耕技术与先进文化，同时又将异域文化和海洋文化引进岭南，使岭南地区从落后的刀耕火种时代慢慢进入农耕文明时代。

南越武王赵佗像

秦亡之后,赵佗为保存实力,更是出于保护岭南免遭楚汉相争而引发生灵涂炭之局面,不得不封关绝道、割据岭南,自称"南越武王"。汉高祖元年(前206),任嚣病亡,赵佗即向南岭各关口的军队传达了据险防守的指令,并借机除掉了秦朝安置在南海郡的官吏们。汉高祖三年(前204),赵佗起兵兼并桂林郡和象郡,在岭南建立南越国。高祖十一年(前196)夏,刘邦派遣大夫陆贾出使南越,晓以大义,劝说赵佗归汉。心怀家国的赵佗接受了汉高祖赐予的南越王印绶,臣服汉朝,南越国遂成为汉朝藩属国,年年纳贡。

汉高祖十二年(前195),刘邦因讨伐英布叛乱时遭流矢,后伤重不治而驾崩,吕后临朝称制后擅权专政,开始与南越武王赵佗交恶。吕后七年(前181),她发布对南越国的各种苛刻禁令,并派人刨了赵佗家的祖坟。赵佗一气之下,派兵攻打汉长沙郡等地,做出与吕后阉割后的"伪汉室"分庭抗礼的称帝之举。吕后去世后,汉高祖刘邦第四子、代王刘恒在太尉周勃、丞相陈平等人的竭力支持下进京继位，他们联手剿灭了吕氏外戚余党。刘恒遂成为西汉"天上掉下来的"第五位皇帝，是为汉文帝。文帝元年（前179），陆贾揣着汉文帝尽表恳切的书信，再次以使臣身份出使南越国，说服赵佗去帝号。赵佗终归是中原血脉，他以民族大义为依归，率领南越国再次归汉。

不管怎么说，赵佗深谋远虑、用心良苦地保岭南免遭战火之举，客观上使岭南拥有了近百年的和平发展历史。彼时的岭南，在赵佗的治下远离战火、休养生息，慢慢发展起来了，也慢慢变得文明起来了，佛山先民自然也享到了南越归汉带来的和平"红利"。

汉武帝建元四年（前137），南越王赵佗去世，享年约103岁，葬于番禺（今广州）。赵佗崩殂后，其后代续任了四代南越王。公元前111年，南越国被心心念念实现中华大一统的汉武大帝所灭。至此，南越国已完全融入大中华版图，包括佛山在内的南海郡、桂林郡、象郡，最终都划归大中华版图，成为中华民族不可分割的一部分。

赵佗从始皇帝二十八年（前219）作为秦始皇攻打南越的50万大军的副帅，一直到建元四年（前137）去世，共统治岭南达81年之久。在赵佗治下，南海郡得到一个空前发展机遇，免遭劫难，给包括当时的番禺县佛山先民在内的岭南人带来了实实在在的福祉。作为南海郡的属地，古佛山自然也受益良多，得以一步步发展。勤劳的佛山先民像是撒在中华大地上的种子，在岭南一隅慢慢生长起来了。赵佗无愧"岭南人文始祖"的称号。

置郡南海万世长

据班固《汉书》记载，秦郡南海位于汉地南部，所辖陆境为东南濒南海，西到今广西贺州，北连南岭，包括今粤东、粤北、粤中和粤西的一部分，辖番禺、龙川、博罗、四会四县，郡治在番禺（今广州）。其所辖海域，则包括整个南海。而当时的佛山就在番禺县治下。

至隋唐时，郡县制被取消，南海郡自此被撤，其驻地也跟着改为南海县，后又分设番禺县，与南海县并存，同驻广州城。唐代之后，南海郡时存时废，命途多舛。古佛山的历史与命运自然也跟着时势起起伏伏、斗折蛇行。

而据《汉书·地理志》记载，百越的分布"自交趾至会稽七八千里，百越杂处，各有种姓"，也就是从今天的江苏南部至东南沿海的上海、浙江、福建、广东、海南、广西及越南北部这一长达七八千里的半月形圈内。这里是古越部落最集中的分布地区，《吕氏春秋》中称之为"百越"。上古时期地理分布的南海郡，相当于如今广东的大部分地区，广东在《史记》中被称为"南越"，《汉书》中则被称为"南粤"。"越""粤"同音同义，只是写法有所不同。广东地区的先民属百越之中的南越部落，佛山居于越中位置，其地位极为重要。这也是明清时期佛山能位列"四大名镇"

和"天下四聚"的主要原因。

先秦时期，广东境内有南越、西瓯、雒越等族群散居或聚居，主要聚居于如今的连南、连山、连州等粤北地区。而广东地区的汉族主要由南迁中原移民形成，佛山先民多从此来。

最初设立南海郡时，任嚣被任命为首任南海郡守，赵佗则担任龙川县首任县令。赵佗幼时入仕秦王，曾任秦王磨墨书童，秦王嬴政称帝后，他又出任秦始皇贴身侍卫，与秦始皇关系密切，情同父子，彼此无话不谈。

如今广东龙川的佗城等地的个别村镇，甚至仍然有一百多个姓氏共居的村落存在。这一情况足以证明秦始皇当年徙民实边的力度是相当大的。秦始皇徙民实边的五十万人，当然有一部分也可能迁至番禺县古佛山等地，他们自然就成为古佛山最早乡民的一部分。

中华远古至秦时，长江以南沿海一带为百越之地，这里居住的原住民部落被先秦中原人称为越人（亦称粤人），因其支系部落众多，故称为"百越"。但当时的百越本身并非民族共同体，因为其后裔族群的祖先不同，有大禹、雄王、布洛陀、袍隆扣等。

百越部落大体分为东越（又称东瓯或瓯越）部落、闽越部落、南越（亦称南粤）部落、西瓯部落（有说西瓯属南越的分支）、雒越部落等几个部分，其中东越部落、闽越部落、南越部落属汉族先民，而西瓯部落、雒越部落则是京族、黎族等民族的先民。东越部落居住在今浙江南部的瓯江流域，以温州一带为中心；闽越部落的势力范围以今福建的福州为中心；南越部落分布于今广东的南部、北部和西部地区；西瓯部落分布于今广西一带；雒越部落分布于广西南部、越南北部一带。百越部落居住的地区，气候温和、雨水充沛、物产丰富、幅员辽阔，为山川五岭所阻隔，远离中原。

大约战国前后时期，在广西大部分地区和广东的部分地区出现了西瓯、雒越两大方国。这是岭南地区方国的鼎盛时期。岭南地区的社会发展是极不平衡的，特别是在广东地区，从古国时期开始，就是多种文化汇合并存的地方。古国时期，广东北部、西北部和西部，大致是苍梧古国统治地域，而广东的东部和东北部则是闽越族系和吴越族系所建古国。

就历史发展进程而言，春秋战国时期，广东地区的社会经济和文化极有可能要高于广西地区，其主要原因是那里是多族系、多文化汇集的地方。文化只有交流才有进步提高的可能，生产技术的交流必然促进经济发展，这是历史发展的必然趋势，南北概莫能外。但是，正因为是多族系、多文化汇合地带，所以没有一个能号令各小方国的政治实体，那时候整个社会都是松散的方国林立格局。而广西地区，则在战国前后出现了西瓯、雒越两大方国的相对统一格局。因而在秦始皇统一岭南过程中，屠睢、赵佗第一阶段就很快打下广东地区，几乎没有遇到太大的抵抗和阻力。而在广西则战事胶着，前后共打了六年之久，且最后是以"伏尸数十万"的代价才统一广西及象郡（今越南地区）的。

早在灭六国以前，志在一统天下的秦始皇就已经把南征百越和北击匈奴作为统一的目标。秦灭六国之后不久，秦始皇即派屠睢、赵佗率50多万大军出击百越。针对百越各部居处分散的特点，秦军采取多路分兵进击、遇有大敌则再合兵进击的行动方针。当时秦军共分五路：一路由今江西向东进发，攻取东瓯和闽越；中间两路攻取南越，其一经今南昌，越大庾岭入广东北部，其二经今长沙，循骑田岭直抵番禺；其余两路入广西，攻西瓯，一路由萌渚岭入今贺县，一路经越城岭入今桂林。

秦军第一路进展顺利，出兵当年就平定了东瓯和闽越地区，设置了闽中郡。其余四路进攻岭南的秦军由于山高路险、河道纵横，行军作战及军粮运输都极为困难，加之两广各部的顽强抵抗，相持3年未能取胜。后来秦始皇采纳群臣意见，派史禄在今广西兴安县北凿成灵渠，既沟通了湘江、漓江,解决了沿江农作物的灌溉问题,又解决了南征军粮草和楼船军的运输问题,秦军才得以顺利进军。

秦军第三路军由主帅屠睢亲自率领,从今长沙宜章南下。公元前218年左右,屠睢进军今广西桂林一带,遭到两广越人夜袭,伤亡数十万,屠睢战死。公元前214年秦始皇又派任嚣与赵佗率军进击。经过一番苦战,最终才征服了南粤和西瓯,并在这里设置了南海、桂林、象郡三郡。从此,东至海南、北至向户、南至越南中部皆归于秦朝版图。

战争是残酷的,秦军在三次战争中前后共损失了30多万人马,两广地区的老百姓也遭到惨重的损失。历史资料记载,秦军在第二次战争后的部队全部留在两广驻守。这十多万秦军士兵为岭南的开发做出了不可磨灭的贡献。

到汉武帝时期,已经在两广建立的南越国号称"百万带甲"。但是有历史专家认为,南越国总人口最多的时候(大致是汉高祖以后的吕后当政时期)也不会超过80万人,士兵最多也就在10万人左右,"百万带甲"系为显示国威的夸张说法。在最后投降汉朝的时候,南越人口在册投降的只有40多万人,即便算上那些不在册记录内的人口估计也不会超过80万人。

公元2年,岭南地区的南海、郁林、苍梧、交趾、合浦、九真、日南七郡在册记录总人口数量为120多万人,其中交趾一郡就有近75万人,占七郡总人口的百分之六十以上。

战争的影响对岭南来说是巨大的。百越之地被纳入秦朝版图后为保土安民,秦始皇命任嚣和赵佗率领大军留守百越之地。这就为后来赵佗建国称帝埋下了伏笔、创造了机会。

秦攻百越之战是秦始皇统一中国的重要组成部分。尽管损失惨重,但是此战后,百越地区正式纳入中国版图,百越诸部正式成为汉民族大家庭的一员，中国国土面积增加了 100 多万平方公里，促进了中华民族的融合，也为两广的开发和建设奠定了基础。这场战争对促进岭北及岭南人民的融合及百越社会政治、经济和文化的发展，都起到了不可忽视的作用。它奠定了中国统一多民族中央集权国家的基本格局，使得岭南成为中华民族不可或缺的部分。

FOSHAN
THE BIOGRAPHY

佛山 传

第三章
封域山川留胜迹

一方水土一方人

一颗流星划破长空，那是唤醒人类基因组的某种记忆留给世界的最初认知。中国古代优秀传统文化很讲究山川地势格局，就像一盏明灯照亮中国人走过的每一个世纪，那神秘的光芒无时无刻不在为每一个中国人提供前行的指引。从"龙、穴、砂、水"等构成要素来分析古代佛山镇的山川地势格局。不少地理研究者认为，古代佛山镇的聚落环境受到传统地理格局思想影响比较明显。先民们试图将黑夜剥离生活，希望给每一个日子留下触手可及的光明与希望。但古代佛山的市镇的属性和独特的地理环境，决定了古佛山镇并非严格按照所谓"风水"格局的形制来筑城。在诸多的要素综合影响下，古佛山人尤其注重水环境的重要作用和地位。

夜深人静时，泡一壶香茗，就着黄卷青灯读一读具有五千年制陶史的佛山是惬意的。通过相关资料显示的古佛山镇地理学格局，可清晰看到聪明的先民们的聚落环境意象和景观审美意识。把握中国文化要义，切准古佛山的历史文脉，就能感受到那些有利于城市景观布局规划和历史文脉保护的实践是多么有意思。在数千年中国历史文化中，地理格局其实是有一定科学依据的，其对山川地势属性的认识和利用，证明了人与自然的辩证关系，由此形成了中国古代朴素的人居环境观。因此，地理格局不仅体现

鳞次栉比的佛山建筑群

了人与自然之间的关系，还体现了古代聚落文化景观所蕴含的精神空间及文化意义。有了这一层认识，就可以较为精准地考量这一朴素认知对我国古代城市选址、村落布局、民宅建造等所产生的极大影响。

古佛山镇位于珠三角腹地，地理位置极其重要。自明清两代以降，佛山一直都是岭南重镇，由于毗邻广州，佛山虽然不是郡县府治的所在，但其地位独特，举足轻重。这也是佛山能跻身中国古代四大名镇和天下"四大聚"的缘由所在。

事实上，从山川地势来考量，位于珠三角冲积平原的古佛山镇，由于山脉极少，即使有一些山丘，也是几乎可以忽略不计的"小土堆"，根本不能以山脉论，因此其封域山川的来龙去脉确实不明显也在情理之中。

熟悉岭南历史的人喜欢把古佛山镇放到整个珠三角来考量，一般认为，位于现在清远市和花都市郊的三兜松是佛山的远祖山，也就是地理意义上的佛山正脉，其余较小的山脉都属于支龙。一脉如参天大树，开枝散叶，遂成佛山气象格局。

山川形胜，一方水土养一方人。古佛山镇位于珠三角西北端，其地势由西北低山丘陵逐渐向东南冲积平原有序过渡。从这一角度观之，佛山的聚落北部就有了高大的天然屏障，阻挡北部袭来的寒风。东南开敞的地形，有效接纳南部的阳光和暖湿气流，形成相对良好的气候环境。而在景观上看，张槎的郁龙冈、赤珠冈地势较高，形成了古佛山镇的城市背景，只是这些冈地高度有限，作为景观的背景衬托并不十分明显。由于古佛山民风淳朴，加之生产资料先进程度有限，因此直至清末，这些所谓的主山都保存得相对较好，其植被一直没怎么遭到破坏。

山川如此形胜

山有来龙，水有去脉。佛山的先人们不乏各种浪漫的想象。佛山肇迹之初，其封域山川自然也不乏各种美好传说。且先来说说佛山的龙脉。

夜色褪去，黎明来临。好山好水的佛山真是一个让人流连的风水宝地。不少人认为西樵山可能是佛山的来龙。其实不然。古佛山是以花县三兜松为远祖山的。铺开珠三角老地形图，三兜松以上，可谓连岭无极，峰峦叠嶂，其地势较为险峻，有所谓"万山雄峻，横开大帐"的气势。佛山的龙脉即从此出。

本龙从中出脉，至上坑头，缠冈塘，过连珠。左分去田心大乌石，上丫髻岭，这是它的左卫。右分则去国泰墟，至金鸡嘴，为其右卫。倘能像孙悟空一样拥有腾云驾雾的本事，站在云头远远望去，便可看出有双龙戏珠的感觉。

本龙由连珠出白坭圩侧，渡巴河，上挂榜岭，直出中洞岭，至象冈，为其左缠，那是妥妥的丁字大帐；从挂榜岭中腰去长旗，再渡涌，起虎眠冈，分一支去三水城，为右缠。

本龙由虎眠冈经三江一带，至凤冈渡河入县境，出华平银冈墟、小榄墟、油榨，经大黄洞出大将军，至黄芝塘，再次打开一个丁字大帐，从这

佛山云勇林场

　　个丁字帐中隐隐约约出脉而渡。大峡旁边有活脱脱的将军、旗、马、狮、象守峡，于是上桂子冈、牛牯岭、天马山、风吹罗带、起仙桥脉而上仙人岭，这就是佛山的少祖山。从这里降脉穿珠，上横枕岭。于是分开两支，一支西行，为本龙；一支南行，为左缠护。

　　左则走大富顶，分二支，一支上古灶，一支去朗边。至河滨作左辅，右分去莲塘一带，为右辅。其正龙自大富村尾出生村，穿田渡涌，上大江，起狮冈，过驷马，上松冈，去后底冈。右抽出玉带砂一支，回转作迎龙，复由后底冈过茶冈，一脉接一脉，清清楚楚，明明白白。而左一支则去白坭、张槎。正龙从茶冈上郁龙，右分赤珠、蟠龙为右迎龙，左则分落张槎、聚边、庄边、东便庞一带，为左护龙。

　　正龙从郁龙之东南卸落平阳，经杨祠后去独棋杆，起大小墩埠，去罗鄐，穿田出岭冈，复起丘垤，连蔓如浪涌涛奔，颇有气势。接着又穿田，再起小墩数个，进入圣堂乡。右出一支，去高秧地，至简村，为右送龙砂。正龙由圣堂乡穿田渡古洛涌，转至祖庙，是为入脉之始，以祖庙为正

27

山水相依

结。莺冈一峰在巽位相拱照，这就是天府文昌，显得异常矜贵。祖庙建在此地，很见其妙。正埠大马头为全镇的门户，这里与花县的丫髻岭在同一经线上。姐妹双峰遥相对应，两枝仙桂，秀气凌云，实在可以称得上是一块福地。所以从三兜松出脉而来，以佛山为正龙聚结，绝对是风水宝地之所在。其他走别处者，全都属于旁卫。

先人们明察地理山川，深得精髓，认为凡是正龙行度，必定会有旁龙为之缠护，这是二者相得益彰、形成山川胜迹的主要原因。先人们认为渡河过峡，必定会有分水为之明证。比如说，从沙口渡河上王借山，一水分去石湾，另一水则分去佛山，至正埠又渡河，一水分去文昌沙，去叠滘，落铺前，另一水则分去蟠冈，落栅下。龙脉自正埠渡河，上文昌沙、高荒墩，去叠滘，转蟠冈，去夏漖、平洲。又比如五丫口名倒流，一水分去夏漖，落平洲。一水分入盐步、蟠龙、砥柱，落东滘。又茶滘渡河，去东滘、坑口二十四乡一带。一水分出花埭，另一水则分去东滘，落三山。又广州城海珠渡海去河南，一水分落琶洲塔一带，另一水则分去洲头嘴。其余皆可以此类推。

佛山无疑是一块极具价值的宝地、福地，好山好水好地方，青山绿水万年长。到过佛山的人都有这样的认知，如果论其外势，则有西淋、二山、林岳为捍卫关阑。左边有虎头、展旗、横马、沙涌、泌涌一带作为干城锁钥，稳稳当当，保一方平安。只要睁大眼睛仔细查看，便知仙人起少祖于乾，大夫耸文贵于巽，西樵盘殿阁于坤，白云布天市于艮。近则王借山、蠏冈为日月之夹照，石湾、澜石俨屏帐之铺排。石云山是罗星枕水，西淋山乃巨兽把关。四围巩固，气象万千。百余里来龙至此聚结，很适合人类生存和人口繁衍。

物产丰富，声名文物之盛，闻于中外，正因为这样，古佛山才成为天下四大镇之冠。东汉班固有言，山东出相，山西出将。人杰赖乎地灵，讲的就是这个道理。

FOSHAN
THE BIOGRAPHY

佛山传

内涌外河筑基围

第四章

南海自古佑中华

先秦时广东人口稀少,秦始皇统一岭南后,为加强对岭南的统治,从中原迁来了50万人。中原汉人的大规模迁入,推动了岭南的开发。到西汉时,广东人口有37万多。

根据史载,赵佗与任嚣奉秦始皇之命率军征服岭南、和辑百越之后,秦朝在汉地南部设立了南海郡(前214)。按秦始皇当年雄霸天下的初衷,他所设立的南海郡必定也囊括了整个茫茫南海。这该是南海归属中国最早的历史事实。秦始皇统一天下之后,一度热衷于出海求仙药以期长生不老,他对大海可以说是极其向往的。

初到佛山的外地人,有时可能会对佛山人的一些叫法感到莫名其妙。其中最令他们惊讶的也许就是佛山人竟将"江""河"都称作"海"了。明明是"过江",竟说"过海"。区区"江河"怎能与茫茫"大海"比?

对此,我这样解释:佛山这地方近海,因此,凡水皆谓之"海",就像近河的省份凡水皆谓之"河"、近江的省份凡水皆谓之"江"是一样的道理。只是各自按不同的乡土习俗来称谓,相沿日久,习惯成自然罢了。

不过佛山人的种种叫法,听起来确实有点绕。

佛山古镇是佛山先民依托内河外涌构筑堤围,进而逐渐建成的最早定

俯瞰佛山

居点。佛山所处的珠三角位于亚热带，离真正的大海也就百十公里的路程。这里四季如春，冬暖无雪，气候非常宜人。"海"在粤语口语里，除了指大海、海洋之外，还有两个不同于普通概念的义项。其一是指江河，其二特指"珠江"。

广府人"出洋"叫"下海"，"入江"叫"上海"。但还是广府人，他们说珠江南岸却不叫"海南"，而叫"河南"。如此这般绕过来绕过去，确实叫人头晕。

明末清初大学者屈大均，是与陈恭尹、梁佩兰并称"岭南三大家"的大诗人，他出生于广东番禺，是地道的广府人。屈大均一生喜山乐水，有"广东徐霞客"的美称。他曾说，广州人"凡水皆曰'海'，所见无非海也"，说的就是广府人这种指"江"为"海"的令人费解的夸张叫法。想来屈大均说这话时，许是被外地来广州采风的文朋诗友给缠问得有些晕乎了，才作此解释的。

记得清代有一首《广州竹枝词》是这样写的："十亩浓阴荫绿榕，妾家门对白云峰。郎来郎去东西海，东不相逢西又逢。"诗中的"东西海"

就是河流的泛指。"海"这一特殊含义，其实是广佛市区地形沧桑巨变的一种深刻反映。

古代佛山地势低平，但四面环"海"，周围都是江与河涌。古人以水为财，故内河外涌的佛山，从格局上看是以"水法"为上的。北面的汾江，也称"佛山涌"，按广府人说法，这该是佛山的大"海"了。至明代，随着佛山以上北江各支涌相继淤塞。使命使然，佛山涌自然就成为沟通广州与西江、北江最重要的水道了。

据载，明清时期，汾江河在佛山古镇内的河段既宽且深，江面上帆影点点，非常写意。而岸上行人如蚁，瓦屋连片，民庐栉比，证明这里人口相对比较密集。古佛山正埠两岸正是汾江的分水口。在南岸的正埠则建有汾江亭，又称"接官亭"。可以说，那时的汾江河是佛山的母亲河，是佛山人眼中的灵胜之"海"。先民们谋构江干亭，以此作为眺望观览之用。每逢重大节日，游人如织，佛山汾江两岸繁华一时的情形，想可知也。

佛山人心中之"海"

汾江河是佛山的母亲河，是佛山人心中的母亲"海"，汾江河流至正埠码头前分开西江和北江两条支流，形成三江汇流的局面。"喜合恶分"的佛山人非常讲究意头，因此将"分"字添上三点水，称之为"汾江"。既有水为财之意，也避讳了"分离""分裂""分开"等不好的意义，真可谓一举两得。汾江北向支流为西江、北江经佛山通往广州的唯一水道，东向支流通镇南的栅下及南海、顺德等地。在此地远眺，三江汇流尽收眼底，甚是壮观。

汾江河既是佛山文化的起源，也是佛山历史上的"财富之河"，是佛山妥妥的文化河。明清时期，佛山是与河南朱仙镇、湖北汉口镇、江西景德镇齐名的"四大名镇"之一，是与华北的北京、华东的苏州、华中的武汉齐名的"天下四聚"之一。佛山的粤剧、武术等民间文化之所以能名扬中外，与汾江河有着密不可分的关系。有谁知道，旧时汾江河上的红船，载走了多少繁华？又有谁知道，那时的佛山水上关帝庙见证过多少花开花落、人世冷暖？

《民国佛山忠义乡志》载："古代佛山四面距海，引海为涌。东自栅下石角绕而南，至石砭涌口，北自孖窦绕而西，至二步桥止，长二千八百四十余丈。明景泰间凭以筑栅御贼者也。北通东便庞,南通简村。东便庞涌口有窦,名细窦,距新涌口大窦不远,故大窦又名孖窦,其实地段各别也。"佛山是典型的水乡,四周被"海"包围,乡民出门就得驾舟"过海",年深日久,佛山的龙舟文化便由此发端。古佛山这些纵横交错的所谓"海",既保护了佛山的一方平安,也给人们出行带来一些阻碍。

靠水之地,地名带"海"。如佛山张槎有个海口村,这个"海",与广州沥滘水道一处于江中的小岛称"海心岗"的"海",以及广州白云区一个建在流溪河边的村庄名"海头庄"中的"海",都是指江或河涌。漂长于河面的浮萍,无落地之根。粤语比喻人的肤浅时会说"海面浮萍,无根底",这"海"依然是河。

粤语说的"海皮"就是指"江边、涌边"的意思。过河说"过海",搭乘渡船过江的码头是"过海渡头"。佛山人眼中的"海",除了交通、景观、审美作用,还具有设险、防御的功能。中国古代城市通常都设有城池和护城河,以作防御之用。但是古佛山只是一个重镇,而并非县邑所在地,没有护城重任,因此也就没必要构筑城墙。但是保境安民还是不可忽视的一项重要任务。这样一来,环绕古镇四周的"海"也就显得举足轻重了。这些江河与河涌因此起到了天然的防御功能作用。

比如,明正统十四年(1449)八月发生的黄萧养起义,广东南海人黄萧养因事下狱不久后,组织同狱百余人越狱成功,遂聚众起义,攻打广州,队伍迅速发展至10万余人,他自称"顺民天王",年号"东阳",设官分职。明廷急命总兵官张安前往镇压。黄萧养指挥义军击毙张安,俘斩指挥佥事王清,围攻广州城达8个月之久。次年三月,明廷又命右都御史杨信民为巡抚,坐镇指挥,试图为广州解围。杨信民厉甲兵,广招抚,义军部分将士受其欺骗,纷纷受降。杨信民乘机遣使持檄文入义军中劝降。黄萧养正欲归附时,明都督同知董兴率江西、两广兵至大洲,围攻义军。

万人"行通济"庆佳节

黄萧养见势，顿改归念，随即率众与广西峒溪土兵激战，部众伤亡万人，黄萧养中流矢身亡。余众退据广东顺德大良堡，凭借倚山面"海"的有利地势，抗击明军。终因寡不敌众，起义失败。起义军杀到佛山时，义士梁广率众对周边河涌加以浚深开宽，群策合力，一夕而毕。他们在河涌内竖起十余里牢固的栅栏，使之俨若城池。起义军无可奈何，只得败退。佛山乡人这种沿"海皮"建栅、以栅围城的做法，很好地抵御了进攻，确保了佛山镇的平安。

广佛地区的近河临江之地，旧时多以"海傍"来命名。比如广州北京南路的海傍街，文德路的海傍街，东华西路的海傍东街、海傍西街，革新路的海傍内街，海傍外街、黄埔村的海傍街和番禺石碁镇的海傍村，整个佛山的海傍路就有60多条。广州西南部地势比较低平，这大概是秦汉时期河海合力作用下冲积而成的平原。据考证，原芳村区的海北村、海中村、海南村等地名，就是当时的政府按古海位置重新命名的。此地的芙蓉岗和赤岗，至今仍可看到岩层受海水侵蚀的痕迹。有资深地理学家认为，这两座山岗具有海蚀残丘的性质，是典型的珠三角平原形成之前的古地貌。据广州地方史记载：海北和鹤洞一带曾是芳村最早露出水面的岛屿之一，远看似出水芙蓉，故命名"芙蓉沙"。这个地名传说在南越王赵佗时就已得名，是芳村最早的地名之一。"芙蓉沙"俗名"海心沙"，从其专名"海心"可以看出，当年的珠江曾是何等的宽阔壮观！

古佛山镇位于珠江三角洲腹地，明清两代以后，佛山虽非郡县府治所在，但一直是岭南的重镇，地理位置极其重要。

远古年代的更迭，留存于今。遍布珠三角广佛各地以"海"命名的地名不计其数，广州话口语里的"海"与佛山话中的"海"的特殊意义，印证了广佛古城镇"沧海桑田"的巨变。

古佛山镇属于典型的珠三角水乡，乡民极其看重"海"，对汾江河怀有特殊的感情。在与之隔江相望的文昌沙的水口处，建有宝渊禅寺，不知出于何因，禅寺后来改为关帝庙，是汾江水口的标志性景观建筑。在汾江分水口以东，大基铺对岸，有石云山作为水口镇山。这座所谓的石云山，其实高度也就两丈许，但山上峭石林立奇兀，横峙于河岸，就像一条石龙准备渡河，气势不凡。对岸是蟠冈埠头，河面比较宽阔。客渡渔舟聚集于此，很是热闹。古时的佛山乡民春季喜欢到石云山游玩。明代佛山著名诗人黎简有诗描写道："清川连野色，平望不会分。隔水招春渡。空庭冻石云。西流开大地，南极放斜曛。渔唱时还起，田歌悄未闻。"诗中极言石云山一带美景令人流连忘返。在当时的佛山乡民看来，"汾江古渡""白马扬波""石云晚唱"都是古佛山重要的地理景观，绝佳去处。

古佛山镇地灵人杰，风光宜人。洛水和新涌自东南向西北，像玉带缠腰般环绕在古佛山的西侧。洛水从桥亭铺的通济桥起，直至三官桥和华

仁寿寺

光桥河面止。由此以北的河段为新涌。直到都司署衙左的孖窦，流入新涌口，再与汾江汇合。人们通常将它称作古洛涌。由于城镇的不断发展演化，人口不断繁衍，古佛山内的很多河涌后来都已淤为壅肆，唯有这条古洛涌一衣带水，至今尚存。古洛水灵气十足，招人喜爱，沿岸就有祖庙、仁寿寺等多个重要的标志性景观建筑。每逢端午，佛山乡人欢聚于此，锣鼓喧天，在河面赛龙夺锦。文人墨客们则不忘临水筑屋，寄情于古洛，四时吟诗作对，开怀畅饮。洛水边建有倚洛园、慕洛亭、钓鱼台和东园等沿河景观，将洛水装点得颇有地方文化特色。明代著名思想家、教育家湛若水曾写下"佛山之丘，汾水之头，古洛遥遥，由地超焉"等诗句。可见，古洛水在明清时期就已成为古佛山镇的一条城市景观河流，就是佛山乡民心中的"海"。

王岗何须借

古佛山乡民一直对心中那片"海"怀有特殊感情，他们非常重视"水法"，对江河、湖涌、河道有着贴心的依赖。

汾江河到了石云山时水面开始分流，其左支经蟠冈、夏滘和平洲各乡，出五斗司汛口，汇入广州珠江，也就是现在的佛山水道。右支则由石云山再向南，沿着古佛山镇的东面如狮子回头般折回佛山，这条河涌又称为佛山内涌。内涌到栅下海口处向西之后，又分流到大塘涌和栅下涌，一直流到通济桥与古洛水汇合。栅下涌、大塘涌至海口的水面相对比较宽阔，利于行舟，也利于防卫佛山。宋朝时，官府在大塘涌设置了广州"市泊司"的分处，这个分理机构叫"市泊务"，是官府专门用于处理进出口业务的。说到底，那时候的佛山只是一个中转站而已。直至明代以前，大塘涌一直都是佛山的主要对外运输水道。

另外还有一些分散的支涌斗折蛇行般流进古佛山镇内，为沿涌乡民提供各种方便。如南浦涌、东溪和栅溪等河涌溪流作用不容小觑，它们为当时佛山的园林修建、景观筑造提供了极其便利的水景资源。佛山最大的园林——东林园，前临栅溪，内有小溪通大河，湖涌内长满荷花，涌水清澈见底，经常可以看到各种鱼儿自在游动的情景。"东林拥翠"就是清代佛

岭南园林：清晖园

山的八景之冠。由此可见古佛山乡民热爱生活，日子过得比较浪漫而且有品味，他们喜爱美化家园，愿意为家乡景观筑造花心思、费心血。从老佛山形势图可以看出，当时的南浦涌河面较宽阔，据文人骚客留下的各种诗文记述，河面上常有"簇簇帆樯若荠浮，天南客子共维舟"的情形出现。佛山乡民经常到此游河避暑，骚人墨客常常泛舟水面，吟诗作对。因此，"南浦客舟"自然也成为清代佛山八景之一。

按中国城池建筑特点，一个地方的水口往往是一座城邑的门户。对于古佛山来说，王借岗是一个重要的见证者，它是5200万年前的一个古火山遗址，典型的玄武岩柱状节理在省内乃至国内都属罕见。王借岗为上游的佛山来水口，即天门。它"当浈郁二水之冲，孤峙河干"，可谓"一山突兀峙中流，王借遥分粤岭秋"。王借岗同时又是汾江水道和东平水道的分流之处。作为独扼西江、北江与汾江水分水口的王借岗，起到锁闭水口的作用，形成一个"天门开"的格局，这里自古就是佛山的风景名胜。

喜山爱"海"的古代佛山人对于得天独厚的本土自然环境，自然有自己独特的利用方法。栅下海口是古佛山的去水口，即地户，为古佛山的镇水口。为振兴文风，吸附财运，提升古镇的综合影响力，乡民在海口处建有一座高十一丈七尺许的五层文塔。塔左边还建有一个财神庙，登塔而望，可以看到苍翠的古松与日影波光相映成趣的美景。水口、三山、西淋岗连成一片，呈争奇斗艳之姿。"海口浴月"是明代佛山的八景之一。海口文塔既有镇"海"安澜作用，又有振兴文风之意，成为古佛山人文景观也就在情理之中了。

栅下海口更下游的去水口，一是左支的佛山水道与东平水道在平洲汇合后，汩汩流入珠江的水口，这里有三山"杰出奇秀临江"之谓；二是右支的佛山内涌与东平水道汇合后的水口，这里有西淋岗"孤峙海旁，跨南海、顺德两县。界中有十余峰延袤数里"。遥望三山和西淋岗，则形如顿鼓，同峙水口，为乡之捍门。这是"水法"的高妙之处，三山和西淋岗就像哼哈二将，一直为古佛山守护着门户。古佛山至去水口的河涌大多近直角转弯，显得极为方正端庄，这就使得下游的水呈收纳之状，加之重重关锁，形成地虎闭合的极佳格局。

从总体来看，古佛山镇冈环"海"绕，凭"海"临风，吐纳自如。古佛山河涌弯环曲折，流水潺潺漾洄，自成体系。古镇内"海"风习习，河网纵横，为古佛山乡民在交通、防疫和休闲等方面提供了诸多便利。水口山则重重闭户，秀色奇观，形成极具人文特色和"水脉"特征的城镇格局。

今昔云泥桑园围

古佛山总体格局决定了它还必须时常警醒，要注意水患的袭扰。

自宋代以来，官府与乡民携手，在古镇周围的汾江、佛山涌与东平水道沿岸合力修建了存院围（遗址在大富堡）、桑园围、石角围和观音围等20余个堤围，这些堤围犹如一道道屏障，确保了堤围内各堡的安全。

存院围是古佛山基围的命脉，又称佛山外基围，分为南围和北围。而工程较为巨大的桑园围则地跨南海、顺德，始建于北宋时期，至今已有900多年历史，属古佛山镇外围河口三角洲的基围或围田灌排工程，包括堤防、灌排、渠道、水闸等。

桑园围与古佛山镇的安全息息相关，不容小觑。据《南海县志》记载：桑园围在北宋徽宗年间（1101—1125）始筑东、西堤，四年后再筑吉赞横基，分别为沙头中塘围、龙江河澎围、桑园围、甘竹鸡分围；明洪武二十九年（1396），九江堡人陈博民率众堵塞甘竹滩倒流港，并与西、北两江的防洪土堤连接，桑园围由此合围。至民国初期，顺德县龙江段加高并联围，1924年增建歌滘、龙江、狮颔口三座水闸后，成为一条较完整的园围。当时该围堤长约64公里，有效地保障了南海西樵、九江、沙头和顺德龙江、勒流等地的20余万亩耕地和21万人口的安全。

世界灌溉工程遗产：佛山桑园围

  清乾隆五十九年（1794），桑园围因大水决口二十二处。顺德士绅、清代学者、翰林院编修温汝适提出必须联合南海十一堡、顺德三堡共同出资修筑。在此之前，仅吉赞横基有全围通修的先例，其他基段皆由基主业户自行修筑，温汝适的建议在当时实属一大创举。

  为了实施通修的工程，桑园围总局由此建立。桑园围总局局董和值事们共同承担水利事务，桑园围水利共同体逐渐形成。桑园围总局的成员由当地的士绅担任，他们不仅要负责历次通修工程的规划、统筹和管理，还必须把拟定的章程、工程的进展、经费的花销随时向地方官府报告，并于完工后实施致谢官府、刻碑、修庙等礼仪性的程序；清乾隆五十九年（1794）至嘉庆二十二年（1817），桑园围通修的费用主要向全围内各商家民户摊派。考虑到民力所限,嘉庆二十二年(1817),温汝适上疏两广总督请求成立筹备桑园围修筑基金。嘉庆二十三年(1818),时任两广总督阮元奏准岁修专款,获得无息国库银八万两贷给商户,每年生息九千六百两,以五千两还本,四千六百两用作修堤费,债务还清后,其利息全部作修堤费用。从嘉庆二十四年(1819)起,每逢全围大修,桑园围总局对财政的预算、结算、报销形成了一定的程序。桑园围从清乾隆五十九年(1794)开始有专志,并形成了由桑园围总局局董于历次大修完毕之后作志的传统,至民国年间为止。乾隆五十九年(1794)首次修志,建构了桑园围的历史,开始把南海、顺德多处堤围纳入桑园围的名义下进行叙述,各处基围的开发史就成为桑园围的修建史。

桑园围的加固,离不开温汝适当年的奔走呼号。筹款固堤过程中,他甚至带头将自己省吃俭用攒下来准备翻修祖屋的俸禄也捐出。正是由于有温汝适等有为官员的善举,桑园围的水患才得到有效控制,为后来进一步加固完善桑园围奠定了良好的基础。时至今日,人们只要提起桑园围水利工程,就会想到温汝适这位清官不辞辛劳为民造福的事迹。南海一带甚至还兴建河神庙供奉温汝适。

佛山夜景璀若星河

FOSHAN
THE BIOGRAPHY

佛山 传

第五章 流年五千石湾陶

峥嵘初露·河宕贝丘遗址

从霞光出发,一路走向正午的太阳,季节的轮回,让人类历史重现了当初的模样。在世界四大文明古国中,中国是最早有制陶史的国度。考古学家对江西万年仙人洞遗址出土夹粗砂绳纹陶片的年代研究表明,该遗址出土年代最早的陶片距今约二万年,这是目前世界上业已发现的最早年代的陶器。

我国古代先民制陶史最早可追溯到新石器时代。古代中国先民先是学会了钻木取火,在加深了对大自然的认识之后,他们在为生存奔忙中发现了蕴藏于泥与火中的神奇奥秘。年长日久,先民们便学会了简单的制陶方法。先民们所谓的"制陶技术"当然也经历了由简而繁、由低阶向高级发展的历史进程。

山溪松径,青冥白浪。随着时代不断变迁,我们祖先手中的"陶器"也从原始社会为生存而制作的器皿一步步向陶瓷艺术发展,最终以精美绝伦的各种陶件器物、陶艺品跻身于世界艺术殿堂,擦亮了中华民族的金字招牌。

时光易逝,古今同天。距今四五千年前,古佛山就有了新石器晚期人类活动迹象河宕贝丘遗址的赫然存在。那是令人怦然心动的光辉留存,一如春眠不觉晓，不经意间，佛山人就在某一春天崭露头角了。似此深林闻啼鸟般的峥嵘一俟展露，便是看花濯雨的亲切场景再现。

从天边策马而来的河流，是人类必须追逐的对象，它以静谧的姿态按下恣肆的咆哮，转而以温驯的品格，烙印自己包孕文明的一腔热忱。彼时的佛山还是一片莽苍之地，任天而动的气象不会含糊它在南方的流变。北江深处臂膀，以支流命名的东平水道从河宕贝丘遗址西南缓缓流入斯文的潭州水道，肯定有鱼儿顺流而下时，被先民们发现、捕获，而成为早期喷香的烧烤。是的，水道西边是一片并不突兀的低矮山岗，如促膝而谈的一群知己。东南边则是一片有点规模的冲积平原，如先民们心胸袒裸，那里适合先民们无事散步咏凉天。

那"咏"当是未被载入册页的咿呀学语，那"步"可能是六亲未认前的闲散履迹，需要与鸟语混合，才能解答眼前的历史之谜。对先民们来说，能烤火取暖，能吃上食物，不让饥肠发出辘辘的"抗议之声"，能苟活下来就是胜利。又一天过去了，他们居然还能看到再次升起的太阳，这就是喜悦，比什么都来得实在。

美哉斯土，善哉斯民。那就赶紧到河宕贝丘遗址走上一遭吧，兴许能穿越漫漫时空隧道，逢着古佛山先民在摇曳的火焰中烧烤食物的身影。那至今还在烟火旁留守松风绕壑的寂静与孤独，是时光轴线上不可复制的真迹，他们三五成群乃是对大自然的尊重。睁开眼瞧仔细了，那里还有石湾陶艺最早期的代表作摆在地上，露出不规则的一抹笑容……

石湾陶基因密码

洛阳铲从地面钻下去,佛山古代史朝上透了一口气。1957年和1972年文物工作者不辞劳辛,先后在佛山石湾大雾岗和南海奇石村发现了唐宋窑址。他们所发掘出来的当然都是些半陶瓷器,总体上看,火候偏低,硬度不高,抱起来端详,可见坯胎厚重,胎质松弛。猜想该是火苗不够欢快、温度不够高所致。经鉴定,这些憨厚的古物件,都属于较为典型的唐代南方陶器。它们的存在将唐代佛山制陶史一锤定音为粗粝的"南方音乐",一如烙印,以科学的名义给这块神奇的土地镌刻一张官版的出生纸。

踏着荆棘前行的历史是不会突然断裂的,脚下的泥土有先民们的血汗和泪滴滋润,是永远不会失去体温的。1964年广东省博物馆和佛山市博物馆在石湾东部的澜石发掘了十余座东汉墓葬,出土的陶器可以用"十分丰富、琳琅满目"来形容。那些壶、瓿、罐、钵、勺、谷仓、井、灶、猪、羊、牛、鸡、鸭、舞蹈俑、奴隶俑等,都是古佛山人热爱生活、痴恋大自然的结果,他们的控诉之声发自"奴隶俑"之嘴,虽略显单薄,仍具有千钧之力。这些一等一的"少儿期涂鸦",充分反映了石湾制陶的悠久历史和制陶技术的初步水平。

1977年广东省开展文物普查工作,佛山河宕村遗址引起省考古专家

佛山石湾陶瓷

高度关注，广东省博物馆和佛山市博物馆联合对河宕贝丘遗址进行了挖掘、保护。考古专家在1万多平方米的面积内，发掘750平方米，清理了77座原始社会墓葬，出土了大批文物。其中包括400多件各种石器及骨、角、蚌、牙质料的器物，约3万片的陶器残件，近20件陶器，3500多块鱼、猪、狗、牛等多种动物的遗骨，以及77具保存完好的骨架。这么多的陶器足够盛装这么丰富的动物骨殖。

东平河边的烟火气由此将人间美好定格在四五千年前，被先民咽下肚的鱼虾牛狗猪该深感庆幸了，它们的肉身为佛山先民的存活、人类文明进步做出的贡献，永远被铭记在史册之中，它们的骨头能"活"四五千岁并重见天日，无疑是佛山先民和漠漠光阴对它们的隆重祭奠。

1977年冬至1978年夏，在经历长时间的发掘工作后，考古工作者难掩接近真相的激动，这是一个令人难忘的关于人类文明财富闪现的璀璨瞬间。与一切文明初露端倪时发出的光芒相比，这次的收获都显得毫不逊色，其中炊煮用的釜，盛东西用的罐、壶、盘等十几种器皿最令人瞩目。这般多样化的陶器都是石湾陶前世就已贮存的精神结晶。令人兴奋的是，这些陶器上面分别出现多种图纹，足见古佛山人的"浪漫"情怀。

毫无疑问，这是属于石湾陶的高光时刻，当文明获得欢呼式的近距离聚焦，人们这才发现，石湾的制陶史终于溯到源头，遗失的石湾陶基因密码终于被找到了。而在此之前，石湾制陶的最早历史一直停留在汉代和唐朝。经省市文物专家细心清点、登记造册，这些古佛山先民生活居住过的遗迹、使用过的文化遗物得到了应有的保护。

这次颇丰的收获足以证明佛山先民的智慧。考古专家们将这批出土文物运送到首都有关文物部门进行权威鉴定，结果证明该遗址的历史可以追溯到四五千年前。这批文物有力佐证了制陶技术早在四五千年前就已达到了一定的高度。

后来，随着先人们活动范围不断扩大，他们聚众玩泥巴的技艺也在彼此有意无意的切磋中慢慢成熟起来。从无意识玩泥巴到有意用泥巴制作实用的坛坛罐罐，一批批早期的古佛山人胼手胝足，这中间有着他们太多的艰辛付出和智慧呈现。佛山先民早期用的多是泥条盘筑法，就是先将泥料制成泥条，然后圈起来，一层一层地叠上去，并将里外抹平，制成所需陶器的雏形。再后来，他们发明了一种方便玩泥巴的"陶车"，以此为工具，运用拉坯成型的轮制技术，加快了玩泥巴、制作器皿的速度，各种陶器的器型也相比以往那种不规则的泥巴"玩意"要规整美观许多。

佛山悠久的历史，可以从新石器早期佛山人的活动轨迹和他们所制作的陶器中找到温暖的印证。

物竞天择，适者生存。过路的风，不会乞求任何事物的怜悯。作为新石器时代就生活在这片土地上的早期佛山人，他们除了适应自然，似乎没有更多的选择。在日常求生存的过程中，先民们当然也试图以不断进步的认知，来改变生活的窘境以及周边不如意的环境对生存构成的威胁和各种不利影响。在烧烤食物过程中，他们发现被火炙烤过的泥土远比普通泥土要硬许多。于是，先民开始探索性地就地取材，来制作一些他们不知为何物、被后人们称为陶器的东西。当年烧制这些东西的最早的佛山人当然不会知道，他们从未见过的后人们会对他们当年随手捏合随兴烧制的东西如此感兴趣，他们更不会想到，后人竟会将这些在他们看来平淡无奇的东西定义为与人类文明有着莫大关系的好听的词语——陶瓷——并视为珍宝。

陶土的获得再寻常不过了，因为这世上最不缺的就是泥土，泥土与陶土是亲兄弟亲姊妹，它们无分你我。立春、雨水、惊蛰、春分，时序不会失序，总是不紧不慢地舒展一年的脾气。先民们生于这片朴实的土地，死后也葬于这片土地。泥土是与他们关系最为密切的寻常之物。他们要想烧制一些与泥土相关的东西时，随便挖些泥土掺上水，想捏啥模样就捏啥模样，无拘无束，任意发挥。他们信手在捏成各种形状的泥巴上刻上些随处可见的比如树叶、绳子、水波等形状的纹路，然后放到火坑里烧，就能做成釜、罐、壶、盘、豆等不同形状的陶器。这为他们单调乏味的生活增添了不少烧煮乐趣。原来泥巴还有这么多玩法，玩泥巴竟也能玩出他们自己根本不可能知道的什么"艺术"和"人类文明"来。这可真是让先民们无法预知的四五千年后的惊喜与"意外"。

心壁以五千年的矗立，树起佛山先民坚不可摧的信念，他们究竟是怎样活下来，又如何将火种传递下去的，我们不得而知，但风吹过佛山的天空，并留下了祖先祝福，那是毋容置疑的。

按专家们较为权威的归纳，河宕贝丘遗址出土的陶器，大抵具有四个显著特点：特点一是能根据陶器的不同用途使用不同的配方。特点二是几何纹样丰富多彩，河宕贝丘遗址出土的陶器纹饰和我国同一历史时期印文陶遗址相比样式更为繁多。其中佛山河宕遗址出土的陶器中还发现了最早的云雷纹，这种云雷纹比商周铜器的云雷纹还要早1000多年。古代陶制器皿上的云雷纹有拍印、压印、刻划、彩绘等表现技法，在构图上通常以四方连续或二方连续式展开。云雷纹最早出现在新石器时代晚期，极有可能是从旋涡纹发展而来的。但到了商代晚期，器皿上的云雷纹已经比较少见了。不过在商代白陶器和商周印纹硬陶、原始青瓷上，云雷纹仍是主要纹饰。特点三是最早出现了白陶，比河南安阳殷墟的白陶还早1000多年。白陶，顾名思义，就是表里和胎质都呈白色的一种素胎陶器，看起来白白净净、清清爽爽，那该是材质带来的惊喜了。特点四是采用了当时最为先进的拉坯成型的轮制玩法。所谓拉坯成型就是利用拉坯机旋转的力量和速度，配合双手的简单动作，结合双手控制挤压泥团，掌握泥巴的特性和手与机器之间相互的动力规律，将泥团拉制成各种形状的空腔薄壁的圆体器型，放进窑炉里用柴火进行烧制之后，就能见到这些不同形状的坛坛罐罐了，那是先民们对艺术的无意识涉猎，也是他们对生活的早期提纯。古佛山人将这些手工制作的"玩意"植入他们的生活，平淡无奇的日子因多了些陶质"财产"的点缀而慢慢变得多样并"富足"起来。陶器，让他们和他们简单的日子逐渐变得丰盈而不朽。

看来，石湾陶瓷声名远播是有历史肌理和文化理由的。佛山"南国陶都"的美誉绝非浪得虚名。古老的佛山之所以有此造化，都是拜先人们不经意中留下的"陶器"所赐。佛山五千多年的制陶史足以证明，这是一块承载着中华文脉的陶瓷圣地，这里切实具体的"文明载体"让人们相信，佛山确实是一块有着深厚历史文化积淀的人文圣地。

佛山多年来陆续出土的战国和秦汉时期的各种文物，为研究佛山文明史和佛山陶艺早期的起源、风格的形成等提供了切实可靠的文脉留存和"文明"依据，这无疑也揭示了石湾陶艺具有悠久的历史文化积淀、可考的基因认证和传统血脉的渊源。

汉代以后，随着手工商业逐渐发达，货币流通量不断加大是必然的趋势。彼时的铜乃稀罕之物，它们大多被作为铸钱之用。故铜质用品很快就被更为廉价实用的陶器所代替。概莫能外，时代洪流中的佛山石湾当然也如此。

石湾有东平水道加持，泥土与水火结合，那是三者最早的联姻，先人们生活的幸福指数由此得以攀升。历史的车轮来到唐代。

石湾出现大型窑场的历史最迟可上溯到大唐。唐代石湾窑烧制陶器时，多采用表面近似半椭圆形的馒头窑，佛山先民是否出于对好吃的馒头的垂爱而构建简易的"馒头窑"不得而知，也不好揣度。反正那样貌的窑头冒起烟来一定温柔好看。彼时的釉色以青釉为主，酱釉次之。主次之分，尤见匠心。所制陶器，分外抢眼。彼时"石湾陶"制作技术与工艺，以轮制与手轮兼制为主要形态，生产效率得以提高，有利于批量生产。产品大量外销由此成为可能和常态。彼时馒头窑不断冒烟，其产品以日用器皿为多，常见的有碗、碟、壶和丧葬用的高身陶坛、三足香炉等。古"佛山人"玩泥巴玩出来的新花样证明，"石湾陶"底蕴不容低估。

正是这些看起来并不起眼的陶器，搭上初具规模的海上丝绸之路的便车，率先漂洋过海，成为日本皇室来自中国的第一批珍宝。

2002年3月，日本东洋陶瓷学会理事长长谷部乐尔，日本福冈市教育委员会调查指导委员、陶瓷考古专家森本朝子等人分别前来佛山市博物馆参观，一众中国陶瓷爱好者和研究者观摩了馆藏奇石窑标本。据长谷部和森本介绍，这种青黄釉或酱黄釉的四系罐在日本是用来装茶叶的，称为"茶壶"。过去日本学术界一直以为是吕宋生产的，因此又称之为"吕宋壶"。讹误有年，直到他们看到1978年中国《考古》第三期发表《广东石湾古窑址调查》一文时，才恍然大悟，原来这是中国石湾奇石窑的产品，是在中国唐宋时期传至日本的。由于此壶传入日本时十分稀少,只有少数皇室贵族才能使用,因此显得异常珍贵。该"茶壶"现已成为日本国宝级文物。

流星与闪电是无法遽尔挽留的,正如祖先的脚步不会停留。如果说石湾河宕贝丘遗址出土的几何印纹陶制品见证了新石器时代佛山的陶瓷历史,那么大雾岗唐宋窑址的发掘,则进一步补齐了佛山在唐宋历史上的某种缺憾与"短板",进一步证实了佛山早在我国唐宋时期就已成为岭南地区极为重要的陶器生产基地。

大唐帝国是有大气象大格局的伟大朝代,佛山是有大抱负大情怀的岭南巨镇。唐时石湾已经形成了规模较大的制陶手工业生产作坊,在此基础上,宋代石湾陶器在工艺、造型、装饰手法、艺术性等方面都有了长足进步。1957年、1972年先后两次在佛山石湾大雾岗和佛山南海奇石村发现唐宋窑址,便是最好的证明。石湾陶瓷的大批量生产,使佛山成为岭南地区重要的陶瓷产销基地,其产品除供应国内所需,更通过海上丝绸之路等途径远销到世界各地。

中国人口在历史上有过几次大规模的迁徙,这直接带动了南北各民族大融合。自南宋至元朝,由于各种原因南迁的部分窑工和陶艺匠人汇集到石湾,与当地人融合在一起杂居生活,他们很自然地将北方的先进文化和制陶技艺带到佛山,使石湾陶有了"杂交"变种发展的可能。他们与石湾原有的制陶经济和特有的制陶技艺共融互补,对提高石湾陶制作水平与工艺技术水平起到了很大的推进作用。

佛山位于粤中,地理位置重要,工商业的高度发达带来的财富积聚,大大吸引着各种艺术在此融合发展,寻觅商机。来佛山"淘金"和讨生活是一种不错的选择。彼时石湾陶业发展的两个重要因素,一是交通十分便利,二是陶土比较丰富。宋代以来,南海、三水、花都交汇于官窑,商旅频繁，非常兴旺。时代变迁，沧海桑田。由于广州取自北江上中原的主航道官窑水道渐趋淤浅，水运交通中心不得不移至更加顺畅的古佛山镇汾江水道和石湾东平水道。佛山与石湾相连，汾江河和东平河直通广州，石湾陶瓷产品运往广州出口十分便利。加上石湾一带又有陶泥岗沙，取材极为便利，石湾产陶历史悠久，有此便利条件，更是快马加鞭，很快就发展成为中国岭南地区极为重要的陶器生产基地。

风雨陶师庙

花开了花谢，云聚了云散。一切属于历史的留言都是时间显而易见的结晶。说到石湾陶的历史，有一座庙是绕不过去的，它独自承载了850多年的风云变幻，为佛山人留下了太多的回忆。它就是佛山石湾的陶师祖庙。

由于产陶历史悠久，古时佛山人热爱这片土地，自然也就少不了对陶图腾和"陶神"的崇拜。位于石湾水巷的陶师祖庙就是这样一处承载石湾陶文化历史的重要地方，它始建于宋末元初，是陶业圣地石湾"四大古迹"之一（另外三处分别为丰宁寺、莲峰书院、高庙），也是象征石湾陶瓷发展史的标志性建筑。据史料记载，石湾第一座陶师庙大约建于1273年，是由彼时为躲避战乱从山西霍州逃难至石湾的窑工所建。后来在石湾，霍姓成为大姓。彼时这座陶师庙建筑规模略显狭小，只有30平方米左右。

至明代时，由于战乱，从中原地区迁来的陶工大量涌入石湾，石湾陶业便更加兴旺发达起来。之前的小陶师祖庙由于建筑面积较小，格局显现不出来，已不能适应当时石湾的陶业大气象和人们的要求了。据同治《南海县志》记载，明嘉靖七年（1528年），由陶业各行会捐资扩建第二座陶师祖庙，并迁址于石湾莲子岗东麓。第二座陶师庙长约 70 米，宽约 50 米，规模大了许多，与莲峰书院和丰宁寺毗邻，青砖碧瓦，富丽堂皇，看上去高大宏伟，气势不凡。佛山人认为，这才配得上石湾陶大发展大繁荣的格局气象。

阅读历史需要冷静的凝思作为介质，陶师祖庙以跨栏的姿态分别在清嘉庆年间（1796—1820）、同治九年（1870）、光绪年间（1875—1908）和民国十五年（1926）进入修旧如旧和脱胎换骨的容颜重置时期，那几次的重修、扩建，充满检修历史轮廓的虔诚。陶师祖庙回望自己的前世今生，规模在不断扩大。其中要数民国十五年那次工程最大，但它决计想不到这也是自己作为第二座陶师祖庙的最后一次重修、扩建。彼时工程得到石湾老中医罗积廷、澜石黎涌乡侨商简照南、佛山莲华行车公司的大力资助。重修后的陶师祖庙除翻修庙宇外，还扩充了花园和陶业商铺，另外还建有六角亭一座。民国十九年（1930）后，庙宇一带曾拓展为陶工娱乐场。据清道光版《南海县志》卷十二记载："陶师庙大门有竖式匾额，书写'陶师祖庙'四个大字，此为庙之正式名字，而陶师庙乃民间俗称。"

虞舜托业于河滨，石湾兴盛于斯时。陶师祖庙中供奉的是虞舜帝。虞舜，姚姓，一作妫姓，号有虞氏，名重华，是"三皇五帝"之一，也是传说中父系氏族后期部落联盟首领。虞舜是黄帝的八代孙，也是中国古代著名的明君，因虞舜帝曾陶于河滨，所以他被尊为陶业祖师，世代受人膜拜。

一盏历史明灯就这样亮着，它照过佛山人古铜色的脸庞，照过佛山人忙碌的身影。彼时的陶师祖庙虽说是岭南道教圣地，但实际上也是制陶业总行会的所在地。兼具两种功能的陶师祖庙融陶文化和道教文化于一体，其象征意义由此世代相传，从不含糊。

民国时期，陶师祖庙宏伟壮丽，颇有气势。庙前为花岗石池塘，庙内为砖木结构，上盖绿色琉璃瓦，建筑为硬山顶，岭南建筑特色的镬耳式封火山墙砖木石结构。主体建筑由渐次升高的山门、前殿和虞帝殿三部分组成，沿东北向西南纵轴线依次排列，属三进院落四合院式平面布局。东西两侧的斋廊，每边可供500人同时吃斋饭。整座建筑向前凸出约5米，门前呈"凹"字状，共设五道门作为出口。正门前有一对大石狮。庙中的照壁及大量壁画，是石湾陶瓷各行会的精心杰作，其中的《魏仇伏貘》最负盛名，该作系陶艺名师黄炳（1815—1894）所制，雕工细致，栩栩如生，画面感极强。

1938年10月，日本军国主义将罪恶的魔爪伸向佛山，陶师祖庙也未能幸免，门前那对威风凛凛的石狮无辜罹劫，那是石狮子今生今世最为刻骨铭心的耻辱与至暗时刻。

年长日久，周围长满萋萋芳草，将这对石狮子全部掩盖。也正是因为有了萋萋芳草的温柔包裹，才让硬朗的石狮子免遭进一步破坏，这也是这对历经劫难的石狮子后来得以重见天日的主要原因。伤心泪，点滴分明。石狮有知，定会感谢这一茬茬日夜相伴的萋萋芳草。

这对石狮子成为陶师祖庙唯一保存完好的历史遗存，它见证了国际政局的波诡云谲和佛山的沧桑历史。满眼的颓垣败瓦和丛生的野草，记录着日本帝国主义的罪恶。

1957年，这对石狮子被搬到石湾工人文化宫内闲置。20世纪70年代石湾公园建成后，这对历尽沧桑的石狮又被移到公园门前两旁镇守。虽然陶师祖庙被毁多年，但是一对石狮子却保存完好。它们怒目圆睁，像在控诉日本帝国主义的滔天罪行。

无论佛山和石湾历经怎样的沧桑变故，这对石狮子始终对故土不离不弃，虽几经辗转流离，但始终没有离开过石湾。它们兜兜转转的颠簸命运，见证了近代石湾陶的沧桑历史。石狮子就这样一直默默守护着石湾，

石湾公园陶师祖庙与石狮

守护着石湾陶、石湾人。作为文物，这对石狮子虽然不会开口说话，但这并不影响它们的珍贵价值。后来，佛山市禅城区石湾镇重建"陶师祖庙"，落成之后，这对石狮子被物归原位，摆放在新陶师祖庙的门前，继续履行它们镇守石湾、保一方平安的职责。

新千年之后，石湾陶得到更大的发展，尤其是艺术陶瓷"石湾公仔"更是成为海内外收藏家青睐的稀罕物。经广东省民族宗教委员会批准，佛山市禅城区重建道教陶师祖庙，并将新址选在石湾公园内，与南风古灶毗邻。重建的陶师祖庙坐北朝南，为史上规模最大的三进两廊建筑群，山墙为镬耳结构。"三进"分别为山门、慈母殿、虞帝殿。

殿内东西两侧各有一排偏殿，分别为斋堂、茶座、艺术珍品陈列室，功能各异，错落有致。重建的三进殿堂上的瓦脊公仔颇具石湾陶特色。首进山门殿上瓦脊公仔主题为"群仙贺寿"，作品长约23米，瓦脊上众仙形态飘逸，神态栩栩如生，仔细端详，有一种身临其境的切入感。二进慈母殿上的瓦脊公仔群雕，以"汉高祖称帝"为主题，包括斩蛇起义、张良进履、萧何月下追韩信、鸿门宴、韩信点兵、暗度陈仓、夺彭城、戏英布、战荥阳、智下三秦、垓下之战等11组系列传说故事，作品全长23.2米，高1.38米，共塑有人物188个。亭台楼阁交织错落，各种造型的动物、花鸟及瓜果巧妙穿插其中，非常接地气，很有生活气息。第三进为虞帝殿，殿顶瓦脊公仔群雕主题为"舜帝南巡"，从《二十四孝》的舜帝孝感动天故事开始，讲到舜帝教民农耕、养蚕、捕鱼、制陶，还有著名的尧帝禅让、大禹治水、娥皇女英泪洒湘妃竹等诸多动人故事。作品全长23米，场面宏大，故事情节曲折丰富，人物表情生动自然，堪称石湾陶精品。山门前设有陶师庙广场，整座庙宇建筑占地40亩，其中广场占地20亩，可容纳万人。

陶师祖庙重建工程于2006年2月28日动工，2006年12月27日竣工。落成典礼之日，同时举行开光仪式，而后向市民免费开放。从此以后，许多与陶业有关的纪念活动均在此举行。

石湾制陶奉祀虞舜为祖师，虞舜就是石湾陶的行业神。自明代以降，人们就将每年的农历三月二十六日和八月二十二日定为陶师诞，每年的这两天石湾都要举行盛大的拜祭陶师活动，俗称"春秋二祭"。"二祭"的仪式感极强，石湾所有陶工都会来参加祭拜活动，他们虔诚地焚香祷祝，对着陶师虞舜塑像行三拜九叩之礼，祈求窑火旺盛，生意兴隆，多烧精品，频出佳制。"二祭"日，石湾陶工必在庙内两边斋廊上举行斋戒会餐，每侧斋廊设六人一桌，两个斋廊可同时容纳千人就餐。而在非祭祀活动的寻常日子，陶师祖庙内的场地大多都被划为铺位出租，一则可以筹集资金用于陶师祖庙的日常维护，二则可以使得陶师祖庙成为热闹圩市，带动石湾陶的销售，促进社会经济进一步走向繁荣。

陶师祖庙由此成为石湾六景之一，紧邻的莲峰书院门前至莲子冈脚早已形成圩市，依次分为文化用品、鱼肉杂货、蔬菜瓜果三部分，逢农历一、五为圩期，每日从天亮开市至午后收市，兴旺一时，素有"莲峰昼市"之称，极言这一带的热闹气氛和繁华景象。

石湾陶韵"海丝"情

石湾陶韵"海丝"情，古灶薪传百代兴。经过唐宋时期的大力发展，石湾陶生产在明清时达到鼎盛，方圆十余里的小镇就拥有制陶作坊107个，从业人员6万多人。古时候石湾有大大小小数十个低矮山岗，它们大肚能容，春风吹过，撩起石湾的衣襟，就能看见里面蕴藏着大量陶泥，周边乖巧的大帽岗、小帽岗、显庙岗、千秋岗等山岗上有大量优质的细岗砂。另外，石湾附近的农田下面过去也都是宝，里面蕴藏着很多白色的黏土和黑土。石湾的先民点化大千，他们的手指具备点泥成金、化腐朽为神奇的能力。只要借助史页中的春风，他们就能让石头熔化成水，和着那些陶泥，就能制作成他们想要的陶器来。难怪大画家徐悲鸿曾赞叹："北方的瓷器白白的、细细的、嫩嫩的，像女人阴柔的美；而石湾陶器雄浑粗犷，有男子汉阳刚之美。"

随着明代佛山手工业勃兴，经济逐步兴盛。彼时无论官方和民间，对佛山陶瓷的评价都很高，使用石湾陶的人更是与日俱增。

五百年窑火不熄的南风古灶是至今仍然活着并将继续活下去的佛山文物，这条最古老的柴窑始建于明正德年间（1506—1521），以龙的雄姿逶迤五百年。它一俟出世就连续使用至今的耀眼履历，目前已载入吉尼斯世

晴空下的南风古灶

界纪录。从古至今,佛山石湾人喜欢称龙窑为"灶",主要是因为龙窑烧制陶瓷产品时多使用松柴为火,这与老百姓家里烧火做饭几乎是一回事。龙窑的基本形状是两端细,中间大,下段陡,尾段缓。龙窑大肚能容,里面可以放置较大数量的陶坯。烧窑的工序通常分为装窑、烧窑、开灶等几个步骤。龙窑的优点是造价低、热利用率高,能快速升温和降温。而降温速度快则增加了釉面的玻璃质感,使釉色的温润感得以凸显。石湾陶器基本上是上釉后一次烧成,仅少数是多次烧成。龙窑的烧制过程全凭经验,窑炉火温及窑内气氛全靠窑工们肉眼观察判断。至于最终烧成啥样,则全凭天意。

实际上,自宋代始,石湾便建设并使用龙窑,其所烧制的各种陶器五光十色,琳琅满目,非常受青睐。明代龙窑技术更臻成熟,所烧制的陶器更为精美。民国著名陶艺收藏家李景康在其《石湾陶业考》中有过这样的描述："石湾陶业全盛时代，共有陶窑一百零七座。在方圆三公里的地方，一百多座龙窑夜以继日烧制陶瓷，窑尾明栏的火舌向外伸出，此起彼伏，使'陶窑烟火'成为石湾六景之首。"

龙窑受季节变化、柴木干湿等因素影响较大，窑内不同位置的温度和湿度各不相同，因此同一批产品存在色差、单个产品釉色不均都属正常。从艺术角度观之，釉色变幻莫测，火焰在素坯上留下天然痕迹，反倒有一种不定型的质感和美感。因此龙窑烧制出来的产品常有"一窑有一宝"之说。人们喜欢龙窑柴烧看来也是有原因的。

制作石湾陶首要是配制陶土，这是让泥土与窑火谈一场轰轰烈烈的恋爱。陶土配制的好坏，直接影响产品质量的优劣。如果时间与火候掐得恰到好处，一场有结果的"恋爱"就能向着"婚姻"的方向迈进，最终牵手成功，营造出一个温暖如春的家庭。

石湾陶的原料主要由黏土和岗砂组成。岗砂又称为陶砂。另外，红泥也是石湾公仔的主要用料，煅烧后颜色偏红，与其他泥料相配合，烧出来便是棕红色，看着都让人感到亲切。

泥土被月光惦记，那是一种无与伦比的浪漫，就像燃烧的火焰偶尔被流浪的风撩拨，会烧得更欢。石湾陶是一种沉稳的存在，它不紧不慢的脚步以年轮保留前行的气质。

至明代时，佛山石湾的艺术陶塑已经成为一种重要产业，但是由于本地的陶土资源历经几朝几代的采掘，已经变得极其有限了。要想继续发展石湾陶，没有充足的陶土资源，一切都会是空谈。

石湾陶因水而兴、因陶而荣。彼时的佛山石湾陶业行会转变观念，开始大量从外地购入质量上佳的陶土。很快就补齐了本土资源不足的"短板"。

这些产地各异的泥料，因其成色、成分、耐火度相差较大，因而使得石湾陶的产品看上去有些五花八门。这是考验，也是机遇。

为了调配出合适的泥料，聪明的石湾艺术匠人们煞费精神，苦心孤诣，他们使出浑身解数，终于研制出一套配制泥料的独特技艺，因势利导，化腐朽为神奇，使得这里的各种陶瓷产品颜色变得新颖多样，质量也特别好。只认"石湾陶"品牌的海内外藏家，面对琳琅满目、品种繁多的产品，选择变得更多了。石湾陶再次迎来行销海内外的繁荣景象。

自产陶之日起，石湾陶就因为有东平河和陶塑艺术的加持，而显得厚重端庄。岭南雨水多，河流多，天气炎热。古时岭南地区交通多以水路为主。酒香不怕巷子深，佛山有那么多那么好的陶制品，还怕没有销路吗？得益于海上丝绸之路的便利条件，石湾陶走向世界的步伐由此加快。据清初碑载："南海石湾一隅，前际大江，后枕岗埠，无沃土可耕，无货物贸易，居民以陶为业，聚族皆然。陶成则运于四方，易粟以糊其口。"说的就是彼时佛山石湾陶瓷产品行销四海的繁忙景象。读着这样暖心的文字，都为佛山高兴，为石湾陶高兴。

另外，近年来随着佛山奇石窑、文头岭窑址考古发掘通过国家有关方面的验收，佛山的历史年轮变得越发厚重深刻。佛山现已成功加入海上丝绸之路保护和联合申报世界文化遗产城市联盟。佛山作为海上丝绸之路的重要节点，其辉煌一时的历史，完全可以从奇石窑、文头岭窑址考古发掘成果中得到证实。可以这样说，无私的海上丝绸之路无疑为"佛山造"和石湾陶成功走向世界提供了路径保证。

五千年石湾陶韵，数百载"海丝"情深。对于海上丝绸之路，佛山人一直很珍视，也很感恩。

艺术与时代是息息相关、不可割裂的。每个时代有每个时代的艺术。明初，石湾窑生产的陶器产品种类齐全，名目繁多，除了日常生活用的陶器，还有与历史文化传统相关的香炉、烛台、福禄寿星、观音像、佛像、

南风古灶浮雕窑工像

土地公、历史人物等等。从历史文化和朝代发展的轨迹看，彼时儒家文化和道教文化对佛山影响颇巨。石湾窑生产的产品就有不少反映佛教、道教题材的。鼎盛时期，石湾曾一度成为我国岭南地区乃至全国陶瓷产品的中心集散地，其辉煌不亚于景德镇陶瓷产区。这当然得感谢海上丝绸之路，它让佛山陶瓷产品有了大放异彩的机会。

明朝是属于中国人的伟大航海时代，从明永乐三年（1405）至明宣德五年（1430）间，明朝著名航海家郑和七下西洋，他如一只春鸟衔着皇命起飞，用巨大勇气飞越无数个海峡，迎击无数个巨浪，心无旁骛地专注于飞翔。他放飞心情，将心中的积雪融化为喜悦的泪水，涓涓滋润属于航海时代的沿途渴望。从江苏太仓刘家港起锚，他无惧风浪，摧毁前行海域的任何暗礁与险滩，最终打通了一条通往世界的海上丝绸之路。

郑和来了，那是何等令人振奋的中国暖阳！沿岸人民潮湿的心窗因为这一缕春阳的照耀而发出春天的声响。郑和来了,他率领中国"龙船"来了,这是来自遥远国度的春的消息。报春鸟不分男女,它们都盛装出席春天的约会。

郑和带着大明王朝的威仪,将丝绸和陶器分装在船头和船尾,一路顺风歌唱、逆风飞翔。他们飞翔的歌声与轻盈的羽毛,先后抚慰过占城、爪哇、真腊、旧港、古里、苏门答腊等36个国家和地区,以无比明媚的王朝恩泽,照耀过沿岸许多国度的白昼和夜晚。沿岸的缕缕海风可以做证,郑和不仅开辟了亚非的洲际航线,还为不久后西方人的大航海铺平了亚非航路。他马不停蹄地对大西洋和印度洋进行了深度的海洋考察,他审读海浪,他检视海潮,他在海风与潮汐的伴奏下,唱出了"七下西洋"的悲壮进行曲。他和他的团队收集掌握了许多海洋科学数据,同时也对航海区域进行了战略部署,这显然有利于扩大海外交通和贸易范围。在陆上丝绸之路式微之后,郑和凭意志开通的海上丝绸之路以官方贸易带动了民间互市,将大中华优秀文化之光传播至海外,为带动沿岸国家和地区的繁荣发展和经济文化交往作出了很大贡献。郑和以了无牵挂的坚韧锻造了15世纪初叶世界航海史上的空前壮举,赢得了世人的尊重和纪念。

正是从明朝郑和开通海上丝绸之路开始,嗅到商机的佛山人才开始更加重视这条通往财富的海上丝绸之路,才更加重视放眼看世界的。

随着"海丝"的开通和对外商贸活动的不断扩大,石湾制陶也进入了空前繁荣壮大的发展时期。至明嘉靖年间(1522—1566),佛山陶瓷业开始出现了专业化的分工,这一时期,古佛山镇组建了不少行会组织,其中仅石湾的陶业行会就有30余家,这使得石湾成为岭南乃至全国陶瓷生产和销售的中心基地。行业兴旺时期,广州当时的出口商品中,佛山石湾陶瓷的出口量排名第二,仅次于"广绣"丝织品。

明清两代佛山手工商业发展已达到较高的水平,彼时自然也是石湾窑

夜幕下的佛山东平新城

的繁盛时期，二者相辅相成，相得益彰。这是颜值爆棚的石湾陶与时代无缝接轨的喜悦，充满魔法般的跳跃性、可行性。石湾窑的产品当时大致可分为器皿类和陶塑类，二者各有受众，各擅胜场。器皿类美观实用，陶塑类美轮美奂。"佛山造"石湾陶在彼时除了畅销岭南地区，还通过郑和开创的"海丝"畅销全球。不妨想象一下，当海外那些收藏家和使用者面对石湾陶这些宝贝时，会生出怎样的惊喜和赞叹。清朝著名学者屈大均在其《广东新语》中就有这样的记载："石湾之陶遍二广，旁及海外之国。"

明代以后，石湾陶生产规模进一步扩大，各处民窑迎来新机，开始慢慢集中起来，逐渐拧成一股绳。石湾这个弹丸之地也逐步发展成为一个综合陶瓷生产基地，影响遍及广东和岭南地区，辐射波及全国陶瓷行业，对明朝经济起到一定的促进作用。

随着石湾生产的陶瓷产品种类日渐繁多，艺人工匠们创作的题材也不断得到扩充，瓦脊、人物陶塑、山公、盆景等新的陶艺种类开始崭露头角。"窑变"和"仿名窑"方面的突出表现，加上流传在佛山和石湾之间丰富多彩的民俗风情、艺术活动，为石湾陶的发展提供了重要的社会和经济背景。陶艺家的创作激情被激活后，创作能力与水平也有了突飞猛进的喜人表现。

行会不是无情物

明清时期我国产生了手工业行会组织，行会为了垄断本地区行业的业务，对产品的数量、质量、品种和规格、原料采购、产品销售价格、吸收学徒的数额、年限、工资水平、技术传授范围、劳动时间长短，都有严格规定。据此可推知行会其实并不利于资本主义萌芽。佛山石湾陶手工作坊彼时得到较大发展。

三百六十行，行行出状元。抱团取暖的行会与帮会有着明显的区别，在实行行业自治的时候，任何不按规矩出牌的一方都会遭到行规的约束和弹性管理，它似乎并没有太影响石湾陶走向世界的坚定步伐。相反，详细清晰的行业分工在一段时间内利大于弊，让石湾陶获得了长足的进步与发展。

随着市民文化的勃兴，陶瓷艺术的审美情趣无疑也跟上了时代节奏。在这样的社会文化大背景下，石湾陶呈现出百花齐放、快速发展的局面，这无疑是岭南奇迹。在石湾这个方圆只有十余里的地方便拥有龙窑107座，从业人员多达6万。所谓"石湾瓦，甲天下"洵非虚言，这正是佛山陶瓷辉煌历史的真实表达。

在社会需求的驱动下，彼时整个佛山陶业也进入了勃兴时期，随着产品种类和产量增加，堂号和从业人员也不断增多。由于手工商业走强，佛山甚至一度胜于当时的京城和省会，因此也出现了会馆林立的情况。为了规范运作，佛山石湾陶业出现了自发的管理机构，它们以产品类型分类，严格规定彼此不能进行跨行业生产。

明末清初石湾陶需要提质增效，需要更为光鲜的出生证，才能弥合无序竞争带来的路径戕害。据佛山地方志载：明末清初，佛山全镇大小工商业约有265行，规范行业运作行为势在必行。在政府倡导和民间推动下，其中较大的行业如冶铸、陶瓷等都先后成立了行会组织。行会则设立会馆，凝聚同行业力量，发展本行业经济和生产规模。据了解，清中叶，佛山建立的会馆已多达69家。佛山是个包容性极强的巨镇，清道光年间（1821—1850），外国驻禅会馆就有22家，外省驻禅会馆则有18家，本省外地驻禅会馆也有10余家。不少本地行会又分立成东家（资方）堂口会馆和西家（工人）堂口会馆，全镇各类林林总总的会馆总数竟多达130余家。如今位于石湾浈阳大街的钵行会馆，即为当年钵行东、西行会陶工们共同活动的场所。有心人不妨进去走一遭，闭上眼好好缅想一番，也许在历史镜头回放的瞬间，就能感受到当年的兴盛景象。抗日战争时期，由于日本帝国主义侵略广东，佛山经济迅速向坏，存在数百年的行业会馆遂慢慢淡出了人们的视野，并逐渐走向名存实亡的凋敝命运。

据史料记载，明代石湾陶业"初分八行"，即大盆行、埕行、边钵行、横耳行、钵行、白釉行、黑釉行、扁博行。到清代变成二十二行，有大行、中行、小行之分。再后来又变成石湾陶业"二十四行"，说的是那些生产产品的行会。实际上，到清末民初石湾陶业鼎盛时期，行会远不止二十四行了，除了直接做产品的行外，还有其他辅助分工和后来增加的产品行会。到民国顶峰时，石湾陶业有三十六行之多。

行会的开枝散叶，让石湾陶的吸引力更加彰显在体贴民众生活的细节之中。石湾主要行会及其堂名大致包括：金箱行，堂名为德庆堂，主要制作瓦棺、聚宝盆、神像等；缸行，堂名陶明堂，主要制作大小缸类，包括糖缸、茶缸、双釉缸、粥缸以及沙塔、萝卜塔、龙埕等；塔行，堂名翠贤堂，主要制作大小塔类，多数为底宽而平的坛子（广东人称坛为"塔"），包括内外不上釉的文塔、粉塔、糖塔，以及盛豆腐乳的南乳塔等；埕行，堂名五社埕行，主要制作酒埕、油埕、蒜头埕等大小埕类；白釉行，堂名浚明堂，主要制作各式枕头、筷子筒、痰盂、水洗、笔筒、饭鼓和各种小盆、小罐、小罂等，品种有200多个，产品最初以内上白釉为标准，故称为"白釉"，后来兼上其他釉色，产品外多上绿釉；钵行，堂名永照堂，主要制作大小钵头，最大的是双顶钵，最小的是蒸钵仔糕用的糕钵；大盆行，堂名陶艺堂，主要制作大小盆类，包括黑釉、黄釉以及砂盆、大黄埕等。由于行头较大，故又以地区分为"海口大盆"和"水巷大盆"；水铫行，堂名陶宝堂，主要制作盛酱料、装水用的容器等；古玩行，堂名同庆堂，主要制作美术陶瓷，包括人物、动物、器皿、微塑等系列，因人们爱称石湾美术陶瓷为石湾公仔，故又称为"公仔行"；大冚行，堂名陶庆堂，主要制作大小瓦樽、饭唛、无釉花盆等，该行主导产品为瓦樽，用匣钵套烧，石湾人称匣钵为皮，本是窑具的皮冚，制成瓦盆作为产品，故称为"大冚行"；黑釉行，堂名允贤堂，主要制作各种企盅、平盅、瓶、樽、墨碟、乳钵、油壶等200多个品种，产品大多数上黑釉；边钵行，堂名保业堂，主要制作大小饭煲，因饭煲口内有沿边，煲状似钵，故称为"边钵"；高博行，堂名陶义堂，主要制作化工和农用的不上釉的大小容器，与"扁博"相比，其产品肩膀位置较高，故称为"高博"；横耳行，堂名陶熙堂，主要制作大小粥煲，因煲耳（把手）在煲身横出，故称为"横耳"；扁博行，堂名陶庆堂，主要制作盛潲水用的各类容器，又称"猪煲"；生金行，堂名其余堂，主要制作收藏尸骨用的坛子，俗称"金塔"，其产品胎质较薄,故又名"薄金";红釉行,堂名卿云堂,主要制作祭祀用具,包括宝炉、烟灯、烛台以及莲子罂等,产品多数上红釉。因多为低温烧制,又称为"甑釉";面盆行,堂名虞镜堂,主要制作大小面盆、糕盆等;尾灯行,堂名明艺堂,主要制作香炉、烛台、灯盏等祭祀用品;茶煲行,堂名陶裕堂,主要制作大小茶煲;茶壶行,堂名陶本堂,主要制作各种茶壶、茶杯,包括白身茶壶、青花茶壶和红泥茶壶等;盏碟行,堂名联庆堂,主要制作各种埕的封口盖,以及油盏等;花盆行,堂名陶艺堂,主要制作各种花盆、栏杆、花窗、瓦脊、水垌等,现代的园林陶瓷,属花盆行范围。过去曾划分过有"瓦脊行"和"洋瓦行";电具行,主要制作电器安装用的各种瓷具,又称"电瓷"。

石湾陶如此体贴入微的行业分工,有着切入生活的强烈质感,让人们可以在各自喜欢的范围内按各自的好恶进行多样性选择。这既方便了石湾陶的生产分工与输出合作,又促进了它在销售环节的路径畅通,对促进行业正规化发展和规模化运作提供了参照,实在是一举多得的好事。

应该肯定的是,石湾陶业行会初设时目的很纯粹,就是要规范行业秩序,订立行业规矩,其初衷很善良,其作用也较为明显,行会对保证陶业稳定向前发展起到了一定的推动作用。彼时行会还承担一个重要角色,就是每年民间举办"陶师诞""二祭"活动时负责组织。设立行会原本是为了保护并规范本行业发展利益,属于自我保护措施的一种。但由于后来慢慢偏离了初衷和原有的正确轨道,走向打压其他行业和排斥异己的歧途,后来遂演变成钩心斗角的名利场和具有帮会背景的"格斗场"。

时如白驹过隙,一瞬数百载。行业会馆的兴衰更迭实属自然,但它反映的是佛山社会经济的真实发展历史。这些行业会馆之间衍生出许多传奇故事,成为后世津津乐道的谈资。

陶醉天下凤凰飞

敢为人先的佛山艺人从明朝中期开始，就大胆尝试以捻塑方法制作花盆、花凳、鱼缸及影壁等实用性与艺术性相结合的陶塑产品。这体现了他们善于思考、敢于推陈出新的能力。彼时的佛山已成为岭南地区重要陶瓷产区，并位列"四大名镇"之首。石湾有些规模较大的陶业作坊甚至开始生产琉璃瓦、琉璃瓦脊和琉璃臂脊等较为特别、较为罕见、捏塑难度较大、烧制水平相对要求较高的高新特色产品，以满足官方或有钱人日益提高的建筑外观需求，以赚取更为可观的利润。

清朝时，石湾制陶业继续发展，获得了新的更大进步，并大踏步进入鼎盛时期。石湾陶的适应能力无疑是强大的，它振翅高翔的姿态像鹰隼，一路高扬着惊人的艺术魅力。自清初至中期，社会层面对包括佛寺道观、皇陵宗祠、家庙佛堂等在内的建筑内装外饰有了更高的要求。彼时的佛山制陶工匠面对这种社会需求，捕捉到了难得的商机，因势利导，积极探索新工艺，开发新产品，石湾窑所烧制的瓦脊等建筑装饰构件进入批量生产阶段。艺人们勤于思考，匠心独运，对这种工艺要求高、发展前景好的陶瓷产品也有了进一步的改进创新，产品题材更加多样化，技术工艺更加复杂化。彼时的石湾陶确实有了脱胎换骨般的飞跃。

清中期，佛山天空彩虹屡现，石湾大地奇观屡现，古镇佛山获得了比以往更加难得的发展机遇。彼时石湾出现了生产瓦脊的专业作坊工场、店家堂号，这种以艺术审美见长的作坊、堂号颇具竞争力、吸引力。屈指一算，比较有名的就有"文如璧""吴奇玉""均玉""英玉""美玉"等十几家。其中尤以"文如璧"产品最受欢迎，其石湾瓦脊公仔的代表作在广州陈家祠、佛山祖庙等名胜古迹古建筑物上均有上佳表现和精品呈现。

文如璧（1662—1722）系今佛山顺德人，石湾窑制陶名匠，其子孙以其名字作为店名。清光绪二十五年（1899）佛山祖庙重建时，上面的瓦脊人物皆为文如璧所制。文如璧是"瓦脊公仔"的创始人，他创作的瓦脊群像以制作精美、内涵丰富而著称。文如璧的子孙不负所望，继承其艺，将大批关于中国历史、戏曲和传说故事中的人物场景一一再现，塑上瓦脊，烧制出的瓦脊公仔美轮美奂，很有吸引力，特别适合那些规模较大的庙宇道观和大户人家的祖祠豪宅，为彼时全国各地的相关建筑增添了不少文化含量和故事情趣，其受欢迎程度一时势头无二，在狠狠赚足利润的同时，也为石湾陶赢得了很高的声誉。"石湾瓦，甲天下"美誉的获得，当有"文如璧"们的功劳在焉。

生机勃勃的石湾陶像寂静中开放的花朵，绽放着姹紫嫣红的魅力，它所表现出来的岭南地域文化特色，更是有口皆碑。得益于"海丝"的日益通畅与不断拓宽，石湾陶成就了中国陶瓷器具走俏全球的历史性神话。作为中国陶艺的巅峰制作，"石湾瓦"无疑是佛山最好的历史文化名片之一。这一时期的石湾陶成就了产业化的财富积聚和艺术化的审美提升，从而成为中国南方文化最为重要的代名词，为中国文化赢得整体尊重与爱戴贡献了佛山力量。

清末民初，社会的急剧变革一定程度上冲击了石湾陶的发展路径，同时也带来了建筑风格的变化。日本侵华之后，石湾陶的发展也受到了致命的打击，瓦脊的需求呈急剧下降的趋势。面对不改行就没饭吃的局面，因势利导的石湾艺人遂改瓦脊生产为单个陶塑制品生产。这就是真正的"石湾公仔"的前身了。正是这一华丽转身，为石湾陶业"转"出了一片新天地。一大批素质一流的陶塑名家、著名艺人如黄炳、黄古珍、陈渭岩、陈祖、冯秩来、潘玉书、刘佐朝、霍津、廖作民、廖坚、区乾、刘传等如雨后春笋般出现在石湾大地，令这个弹丸之地瞬间成为石湾陶塑艺术家的"璀璨家园"。正因为有了这些著名陶塑艺人的存在，一条关于石湾陶革命性的陶艺发展之路就此打开，向着无限康庄的未来迈开了新的征程。

佛山艺术史上最堪称道的莫过于"石湾公仔"一词的正式确立，而说到石湾公仔的历史，不能不说到廖家围。

土是朴素的象征，是一切艺术的生长地。廖家围是石湾的"望族"，"围"虽是"界限"的代名词，但它终究框不住艺术勃兴前行的手脚。

廖家围的历史最早可以追溯至明代，彼时的廖氏家族就定居于此。这个大家族早期以蒸酒养猪业致富。清初，廖氏家族除拥有石湾大部分蒸酒业和养猪业外，还拥有附近七星岗一带十多条陶窑，以生产制作日用陶瓷为主，一直兴旺发达了200多年。到了清末民初，廖家围附近已聚居制陶家族及行会十余家。新中国成立前的石湾公仔街就在廖家围旁边，这里可以说集中了全石湾最好的陶艺名匠、名家。

彼时东平河石湾段有三个码头，其中最大的一个码头就在廖家围外。这个大码头就像镶嵌在佛山大地的一颗明珠，成为岭南陶瓷产品连接海内外的一个最大亮点。外埠的陶泥从这个码头上岸，石湾的产品从这里装船，行销海内外，熙来攘往，繁盛一时。当时的公仔街就在码头边上，各种便利条件集中在一起，形成了天时地利人和的良好艺术氛围。中国工艺美术大师、中国陶瓷艺术大师廖洪标的旧居就坐落在此地，而廖洪标的父亲廖作民和堂伯父廖坚都是彼时颇负盛名和颇具影响力的石湾陶塑艺人。

石湾陶为何在海内外如此受欢迎呢？究其原因主要是"石湾公仔"独具审美魅力和收藏价值。要说石湾陶之美，主要还是体现在它的釉色和陶塑神态上。

石湾陶器说到底还是民窑产品，跟北宋官窑、景德镇官窑比自然要稍逊一筹。好在石湾窑海纳百川，善于吸收各方长处，为我所用。清末民初，石湾窑遍仿全国各大名窑的釉色，尤以仿钧釉最为到位、最为出彩。其最大成就莫过于继承发扬了钧窑窑变工艺，由于青出于蓝而胜于蓝，故能流传至今。所谓"钧窑以紫胜，广窑以蓝胜"，广窑仿钧以蓝釉窑变著称，蓝釉中出现放射状白点的"雨洒蓝"，简直美得令人窒息，就像丽日晴空时忽然来了一阵太阳雨，蓝中带白，美不胜收。而耀眼的蓝釉中狐仙般忽现点点淡青色的"翠毛釉"，诗人们能看出有翠鸟在上面栖息、飞翔的影像，那质感那美意又岂是笔墨所能传达的？

另外，石湾窑的石榴红也是从钧红中获得类似于飞翔的质感，这种青出于蓝而胜于蓝的技术创新，为石湾陶狠狠加了分，它以足够的底气和厚实的底色作为依托，为石湾公仔穿上独具特色的"华服"，成为石湾陶极具魅力的一种标识。釉面顿现的棕眼，出筋或转折处偶露峥嵘的黄釉等，这些美轮美奂的傲娇特点确实远胜于钧窑。这种"改革版"的红釉，除了可以给各种器皿披上神秘"面纱"、美丽羽衣、风流霓裳之外，还可以为动物添上毛色，给人物穿上"华服"。这样的石湾陶塑，让人多了几许惊喜，少了许多浮躁，泛黄处正巧与动物皮毛肌理或人物的衣纹相吻合，这简直就是无缝"天衣"才有的效果，谓之另一种"天作之合"也未尝不可。艺术之美，确实为人们提供了一个诗一般美好的想象空间。

概括一下，石湾釉大抵有如下"三奇"值得记取。

一是"釉彩奇"，奇在多彩多姿、魅力独具。石湾陶的釉料分两大类，一种是植物灰釉，另一种是矿物釉。植物灰釉是用普通的稻草灰、谷壳灰、桑枝灰、松木灰、杂木灰等选择其中的一种或数种作为基础材料，再根据需要加入河泥、石灰、玻璃等物料组成，加入石灰的为石灰釉，加入玻璃的为玻璃釉；而矿物釉则是用玉石、玛瑙、石英、石灰、蚧壳、含金属矿物等选择其中的一种或数种经粉碎研磨后再加入金属氧化物颜料组成，称石釉或宝石釉。石湾最著名的蓝釉是以稻草灰、氧化钴、玻璃粉制成的，若不加玻璃粉则会烧成黑色，似此千变万化的外在，谁看着都会觉得是一种直达内心的美好享受；红釉是以石灰釉为基础，加入硼砂、瓷器粉、白石、玻璃、铜屑等制成；紫釉则在红釉的基础上加入谷壳灰、玉石和少量的钴配制成。正是由于各种植物和矿物灰屑的混合调配，使石湾陶的釉色变幻多彩、独具魅力。

石湾陶的施釉方法有涂釉、搪釉、泼釉、挂釉、填釉、雕釉、刮釉等多种，因不同器物的需要而采用不同技法，或多种技法相结合，以达到千变万化、艺术效果突出的目的。石湾窑自宋代以后，一直在使用两头小中间大的龙窑。一座龙窑就是一条盘龙，它吉祥的形态和烧制能量，可能连南海龙王都得仰其鼻息、甘拜下风。龙窑烧出来的陶器时常有意外之喜，朴素的泥坯进去，精美的陶器出来，朴素与精美只隔着一场火的洗礼。龙窑是石湾的"真龙"，化身为龙窑出品的陶器，有着格外令人瞩目的"姿色"。

二是"产品奇"，奇在妙手巧塑，万物如生。明初的石湾窑产品主要为日常生活用器，包括瓶、坐墩儿、盘、花盆、花几、碗、文房用具和香炉、烛台、观音、佛像、土地公，等等。产品受佛教、道教影响的痕迹较明显。自明中期始，石湾陶出现了大量以捏塑方法制作的花盆、鱼缸、花凳以及影壁等陶塑产品，同时还出现了琉璃瓦、琉璃瓦脊和琉璃臂脊等产品。陶塑类表现最多的是人物，也有鸟兽鱼虫、瓦脊壁画、山公盆景等。人物陶塑的题材主要有历史人物、传说人物、戏剧人物、儒佛道人物以及现实生活中各阶层人物。其塑造特点是生动、传神，衣纹衣褶自然而富于动态，手和脸部露胎。而鸟兽鱼虫则是陶塑中仅次于人物的第二大题材，艺术手法结合写实与夸张，根据题材的特点来选择釉色或素胎，力求达到生动传神、动感十足的效果。

鸟兽鱼虫的题材主要包括现实与传说的两类：现实的主要有马、牛、羊、鸡、鸭、鹅、狗、猪、猫、猴、狮、虎、豹、象、鹿、鹰、鸽、喜鹊、鹦鹉、鹌鹑、猫头鹰、兔、鱼、龟、蛇等；传说的主要有中国传统文化中的龙、凤、麒麟、饕餮等。瓦脊（又称花脊）是装饰在屋脊及其两头的各种陶塑建筑构件，造型包括人物、动物、鸟兽鱼虫、花卉、亭台楼阁等等，多取材于戏剧故事，如"八仙过海""群仙祝寿""六国大封相""杨家将"等。也有少数是以近代史中的大事件为题材的，如林则徐虎门销烟、陈连升父子在鸦片战争中尽节不屈的故事等。壁画则多为园林装饰，具有浮雕的效果，题材多为花鸟图案。

石湾窑"山公盆景"又称微塑，是山水盆景的装饰配件，它起源于清光绪年间，是石湾窑独有的传统工艺。其内容极为广泛，计有渔、樵、耕、读、书、画、棋、琴、饮酒、吟诗、观瀑、听涛、垂钓等，多与鸟兽、亭台楼阁相结合。其艺术特点是重形而不强求神，纹理较其他品类简单，简单中透着细致。在微缩的世界里徜徉，需要化身为童话人物，才能进入其境界，从而获得缩小版的神奇体验。

三是"神韵奇"，奇在精雕细刻，形神兼备。石湾公仔最突出的艺术特点是所塑的人物和动物无不以形传神、形神兼备。创作灵感来自普通大众的日常生活，具有平民化的特质和岭南文化的气息，尤以捕捉生活中的动态瞬间见长，烟火味的获得可以通感的手法传导生活情趣。这就是石湾陶的艺术魅力所在。

石湾陶塑艺人往往都手有绝活、身怀长技，他们手下细腻传神的各色陶艺精品就是他们热爱生活的具体表现。石湾陶陶胎原料有陶泥、瓷泥、砖泥三种，为了减少烧裂、变形等问题，艺人们多掺入河沙以调节陶泥的软硬度。东莞、中山、番禺、佛山、三水、清远、阳江、高州等地的陶泥都是艺人们最爱使用的原料。塑造各色人物、各种动物时，艺人们利用陶泥韧性大、可塑性强的特点，把人物和动物的表情、动作都塑造得栩栩如生，恍如活物。比如清末陶塑名家黄炳塑造的"金丝猫"，胎毛生动自然，双耳竖起，双目炯炯有神，尾巴蜷曲，将民间"猫抓老鼠"时的形态表现得真切传神。

新中国成立后，佛山石湾与共和国同呼吸共命运，陶瓷行业的发展也被提上议事日程，政府花大力气筹建了石湾美术陶瓷厂等艺术含金量很高的企业。石湾陶艺搭上时代快车，遂拥有了更大的发展空间和发展前景，一大批有理想有抱负有真才实学的陶艺家融入时代发展浪潮，迸发出巨大艺术激情和创作热情。刘传、庄稼、区乾、曾良等正是彼时涌现出来的最具代表性的一代陶艺大家。

石湾陶塑在国家政策的支持下，迎来了复苏与繁荣的伟大时代。新中国人民当家做主，石湾民间艺人的社会地位也迅速提高。工人们过去低微的身份地位发生了翻天覆地的变化，这非常有利于石湾陶艺事业的发展繁荣。此后，全国不少艺术类高等院校也设立了陶塑专业，石湾一批批陶塑人才进入大专院校就读，专业水准得到很大的提升。各种有关陶塑艺术的研讨会也在全国各地举办，陶塑艺人的理论水平和实操能力在浓厚的艺术氛围中有了质的飞跃。

在佛山千百年的历史流变中，"石湾公仔"如同最为温润的佛山史章，屹立于艺术的高枝上，唱响心灵之声。彼时的石湾公仔之花，以令人怦然心动之香而闻于海内外，随着石湾美术陶瓷厂的正式成立，它不乏坎坷历程历练的质朴命运得到彻底的改变。走上坦途的石湾公仔因为拥有太多的

广东佛山石湾公仔街

垂爱而显得活力十足,那是获得新生之后的惊喜,一如久违的季节看到了轮回的光芒。

1956年,石湾美术陶瓷厂在"公私合营"的浪潮中成立。1958年,广州市文化局管辖的广州人民美术社石湾雕刻工场与公私合营石湾美术陶瓷厂、石湾工艺生产合作社合并而为石湾美术陶瓷厂并转为国营。三厂合并时,刘传、区乾、庄稼、曾良、刘泽棉、廖洪标、梁华甫、廖坚、梁永、霍日增、霍兰、霍胜等人成为该厂的首批艺人、陶艺师。石湾陶艺由此开始展现出强大的生命力。该厂先后诞生了八位中国工艺美术大师,分别是刘传、庄稼、刘泽棉、梅文鼎、廖洪标、曾良、黄松坚、刘炳。著名诗人萧三有一年来参观石湾美术陶瓷厂时,感叹于石湾公仔的魅力,曾赋诗"巧夺天工凭妙手,石湾该是美陶湾",赞美石湾陶艺大师和"石湾公仔"。

"大干快上"的 20 世纪五六十年代是激情四射的年代，其节奏不容许"石湾公仔"有太多的迟疑，就像一列上了快车道的火车，驰骋着时代意味十足的轰鸣。这一时期的石湾公仔无论从内涵还是形式，都迈向了更高的台阶。"文革"结束后，党和国家获得新的发展动力，石湾公仔的前途迎来一片曙光。

十一届三中全会的春风吹遍神州大地之后，石湾陶艺开始有了新的生机。时间的调色板，以厚重的釉色涂抹石湾的脸，佛山的陶瓷事业由此迎来了新的面孔，获得了更大的发展机遇。百花齐放、百家争鸣的繁荣局面，"二为"方针像冉冉升起的朝阳，照耀佛山大地，早起的人民在万道霞光中看到了初升的太阳正以催生万物的节拍，为石湾陶奏响无比璀璨的春天进行曲。

彼时落实政策后的刘传等老一辈陶艺家，也重新焕发了生机活力，他们以更大的热情投入艺术陶瓷的创作之中，佛山历史翻开新的一页，石湾陶瓷事业又迎来新的艺术峰期。

回归正常生活的刘传大师沉湎于改革开放火热的场景之中，他细心观察周围发生的巨大变化，潜心创作了大批有影响力的精品力作。与此同时，以庄稼、刘泽棉、廖洪标、梅文鼎等为代表的新一代陶艺人才也推陈出新，茁壮成长，他们扛起石湾陶塑的大旗，创作了大批符合时代审美要求的好作品，他们同时还不忘传承技艺，俯身培养了一大批包括他们子女在内更年轻的陶艺家。另外，在石湾陶艺学术研究方面，陶艺学者高永坚、谭畅、胡博等人也颇有研究和建树，他们对石湾公仔情有独钟，是石湾陶艺事业发展的见证者和参与者。正是在陶艺家、陶艺学者与新一代陶塑新秀们的一起努力之下，才合力开创出了属于石湾陶艺的又一个明媚春天！

凤凰栖梧桐，桃花笑春风。近年来，政府部门越发意识到石湾陶的历史价值及其所占据的重要位置，从而越发重视历史文化的传承与发展了。随着石湾公仔街和广东石湾陶瓷博物馆相继建立，更多足以流传百世的石湾陶瓷历史文化被挖掘出来，并在博物馆得以完整呈现。

南风古灶与广东石湾陶瓷博物馆

新千年之后,"石湾公仔"名气变得越来越大了,受到海内外收藏家和爱好者的热捧,一系列国内或国际性的陶艺活动在佛山石湾举行,吸引了海内外众多陶艺家和专家学者来参与相关活动。

2001年末,广东省文物管理委员会发文,建议将"佛山南风古灶陶瓷历史博物馆"更名为"广东石湾陶瓷博物馆",认为这样更能将佛山陶瓷文化的发展历史展现在世人面前,并得到社会的认可。

有鉴于此,佛山禅城区石湾镇于2003年初正式开始兴建广东石湾陶瓷博物馆,于2004年10月18日正式建成并对外开放。该馆占地面积约24000平方米,是广东首家陶瓷文化主题行业博物馆,馆藏品以石湾本土陶瓷艺术品为主,有近千件(套),主要包括艺术陶瓷和日用陶瓷。这些产品很好地体现了本土特色,极具代表性,同时也具有较高的历史文化价值,能真实反映石湾陶不同时期的发展状况。

五百年历史的南风古灶作为该馆动态展区之一,再现了石湾陶文化活着的历史,"石湾龙窑"历经五百年风雨,依然窑火不断,展示了顽强的生命力。其中的"石湾陶业二十四行"馆作为博物馆的一大重点,主要展示自明代到新中国成立前石湾制作日用陶瓷二十四行各行业的主要产品,

南风古灶

让人们在参观过程中接受中国文明史教育的同时，能身临其境地感受到五千年石湾陶发展的厚重历史积淀。而其中的"石湾陶艺"馆则汇集了不少古今陶艺大师、陶塑名家的陶艺珍品，是"石湾公仔"在各个历史时期畅销海内外、名扬五大洲的历史见证。

石湾陶5000年的丰厚历史积淀，堆砌起丰盈的时间影像，它既是中国陶瓷发展史的有益补充，也是佛山历史足堪自豪的重要组成部分。风调雨顺的佛山在新时代曙光的照耀下，不忘初心，砥砺前行。佛山陶瓷现有的丰富资源与既往的历史资源汇合成举足轻重的文化名片，让全世界都看见了佛山陶瓷令人瞩目的辉煌历史。

建筑艺术与陶瓷多维度融合

改革开放给石湾陶瓷带来空前的发展机遇。随着国家政策层面的调整，佛山的建筑陶瓷业不断发展壮大，20世纪90年代开始，其产销居全国首位，成为行业的龙头老大。到现在，佛山民营经济发展迅猛，石湾陶依托建陶的庞大销售网络，已融入家居建筑装饰之中，石湾陶艺术已多维度多角度融合，提升了二者的综合审美价值。二者的完美联姻，既提升了佛山陶瓷的文化内涵，也提高了它的综合竞争力，形成相得益彰的发展格局。

说到佛山建筑陶瓷，就不能不提到一个不平凡的名字——佛陶集团。

石湾弹丸之地，占地虽不足3平方公里，但寸土寸金。这是一个拿根木棍往地上一插都能长出春天来的好地方，点泥成金的神话就在这里诞生。那年月，佛陶集团所产的陶瓷驰名中外，受到海内外用户的热捧，佛陶集团因此创造了佛山陶瓷五千年来最令人瞩目的当代传奇。

据资料记载，从新中国成立后至改革开放前，石湾的陶瓷工业在全国八大陶瓷产区中排名倒数第一。而自国家实行改革开放政策后，石湾陶瓷业得到了飞速发展，到20世纪90年代初中期，其产值已经达到20亿元，在全国轻工行业中排名第三。1995年税利达到5亿元，在广东省内排名

石湾陶塑"清末北帝出巡盛大场景"

第六。佛陶集团（原石湾陶瓷行业）跻身全国 500 个特大型企业行列，成为全国陶瓷行业的排头兵，国内外来此取经者不可胜数。敢为人先开拓进取的佛陶人搭上时代快车，借助海上丝绸之路等渠道，仅用十多年的时间，就创造了国内陶瓷行业的奇迹。

当年石湾陶瓷从一块小小的彩釉砖做起，发展到全行业以生产现代建筑卫生陶瓷为主的大集团，1981 年 9 月，佛山市陶瓷工业公司组成出国考察组，对意大利、西班牙陶瓷生产进行为时一个月的参观、考察，洞察世界陶瓷生产和市场需求的最新动向，为日后大规模引进国外先进技术奠定了基础。佛陶集团第一条年产 30 万平方米的全自动生产线就是一个标志性事件，为国家加快发展建筑卫生陶瓷掀开了崭新一页。该生产线投产后，产品供不应求。这就是建陶行业的"头啖汤"，佛陶人喝到了，接着就是复制、复制、复制，做大做强。

而后，佛陶根据市场的需求，经过调查、考察，进行了一系列产品和设备的引进、投产，釉面砖、劈开砖、广场砖、耐磨砖、马赛克、琉璃瓦、小规格外墙砖、卫生洁具、三煲、厚胎瓷、辊棒等10多个品种及设备顺利投产，形成综合性的建筑和卫生陶瓷的大市场，受到市场普遍欢迎。当年北京亚运场馆有七成以上的建筑都是采用佛陶集团生产的装饰砖，各省、市更是有不少标志性建筑使用佛陶产品，"佛陶"产品和品牌很快成为改革开放后全国一张响当当的名片。

彼时的佛陶集团在引进国外全自动生产线的同时，还进行了技术消化、经验吸收和产品创新。他们采取先易后难、单机分头消化、逐步联动的方式，形成一整套具有先进水平的现代建筑卫生陶瓷技术装备。佛陶集团陶机厂的自动压机，科达机械厂的抛光机，化工陶瓷厂的重油辊道窑，陶瓷研究所的金刚辊棒，都是当时消化国外技术后取得的优秀成果，后来这些技术设备遍地开花，形成陶瓷机械的新生产业，不仅满足了国内的需求，还实现了大批量的出口创汇。

乘着多情的晨风和初升的朝阳，"佛陶集团"如滚雪球般越做越大，成为全国实力最强的陶瓷企业集团不是它的终极目标，它想做的是挺进世界的"佛陶梦"，致力于以桥头堡的姿态，雄踞全球行业之首。

佛陶成为使用新技术、新设备，生产新产品的领头羊，为推动全国建筑卫生陶瓷产业的发展作出了巨大贡献。彼时的神州大地，"佛陶"是个声动世界、响彻云霄的名词。可以说哪里有建筑卫生陶瓷企业，哪里就有"佛陶人"。"佛陶"是当之无愧的中国陶瓷"黄埔军校"，曾经默默为全国陶瓷行业尤其是民营私营企业培养、输送了一大批科研、生产、管理、营售和陶艺等各类高级人才，为我国陶瓷行业势不可当的长足发展作出不可磨灭的贡献。

国内陶瓷行业都知道，20世纪90年代初中期绝对是"佛陶"的黄金

石湾公仔

时代，也是中国建陶高速发展的黄金时代，整个佛陶集团真有一种"春风得意马蹄疾，一日看尽长安花"的感觉。行业标准唯佛陶马首是瞻的"威水史"，不仅让石湾陶瓷和佛陶集团站到行业的巅峰，也让拥有五千年制陶史的佛山扬眉吐气、立于凯旋门下。

三十年河东，三十年河西，五千年也只在弹指一挥间。

现在的"佛山陶瓷"已进入民营企业唱主角、群雄逐鹿的"战国"时代，东鹏、马可波罗、金舵、宏宇、强辉、宏陶、新中源、新明珠、冠珠、金意陶、蒙娜丽莎、欧神诺、简一、鹰牌、卡米亚、能强、罗曼蒂克等民营私营陶瓷企业正雄姿英发，勇立潮头唱大风，以大佛山的气派，为佛山陶瓷争得了荣誉。

如今，佛山建陶产业方兴未艾，占比达到全国同行的半壁江山。通过畅顺的海上丝绸之路，"佛山陶瓷"集束发力，产品畅销全球170多个国家与地区。2021年佛山陶瓷行业工业总产值达915亿元，为佛山跻身"万亿俱乐部"作出了积极的贡献。

记住这些大师的名字

看惯了花开花谢，听惯了潮起潮落。佛山陶瓷五千年史页翻到石湾陶这一章，着实令人心头为之一震。一部石湾陶历史，就是一部佛山人的发展史、进步史。其中石湾陶艺家的师承关系是对历史的一个很有意思的侧面反映。

石湾陶塑公认的"五大家"，该从苏可松开始算起。这位人称"驼松"的晚明陶艺大家德艺双馨，擅长器皿创作，在模仿和运用钧窑釉色方面尤多建树。他的作品造型独特、工艺精巧，属于浑厚古朴、无声胜有声那种，极富石湾地域特色和岭南民族风格。

清初石湾的文如璧（1662—1722）是最早与"海丝"结缘的陶艺家，他从早期制作日常用品到后期专事瓦脊制作，在两广地区和东南亚一带拥有良好的口碑和不俗的销售业绩，那些古代建筑屋顶上的历史故事、传说传奇和旖旎风光无不述说着文如璧技艺的昔年岁月。文如璧是石湾瓦脊及瓦脊公仔制作的开山鼻祖，他为石湾陶瓷与建筑装饰艺术开拓了新途径、新境界，在石湾陶艺历史上有着举足轻重的至尊地位。

清中后期的黄古珍（约1835—?）、黄炳（1815—1894）叔侄，以鲜明艺术特色和突出艺术成就而被石湾陶深铭至今。黄炳擅长人物与鸟兽创作，尤精鸭、猫、猴等动物，创作动物时以时钟发条勾勒胎毛，形神逼真，开创了"胎毛技法"的先河，对石湾陶是个有益补充，其人其艺对后世影响很大，霍津、区乾、曾良、霍兰等动物陶塑家都从他身上获得了启示，最终成就了自己的一番事业。

黄古珍则精于器皿制作，他融书意入画，所做器皿山水花鸟画旁，常配以诗文书法，意趣盎然，书卷气十足。他还善于借鉴宋代吉州舒窑的彩绘风格，结合石湾的各种彩釉，以"仿舒加彩"的绝活拓宽了石湾陶艺表现手法。祖庙建于清顺治十五年（1658），庙内万福台是当时最豪华的粤剧戏场。戏迷黄古珍常在看戏之余，揣摩祖庙大殿瓦脊上的人物陶塑。光绪二十五年（1899），祖庙重修时，黄古珍被委以重任，负责祖庙大殿三门墙头东西两侧日月神人物陶塑的创作。这些作品成了他的人物陶塑的巅峰之作。

民国是石湾陶大发展的时期，陈渭岩、潘玉书师徒是彼时石湾最出名的陶艺家。

陈渭岩天资聪颖，一生跟泥土亲昵得没有任何距离。他以人物、动物和器皿创作见长，指物制陶立就的他，善于仿制古代名窑的颜色釉，开拓了清末民初石湾陶瓷仿古作品的新路径。他善于吸收西洋雕塑人体解剖的长处，最终引领了石湾陶艺新风。他的弟子潘玉书在人物的塑造和情感刻画上，开创了石湾陶塑人物艺术的新境界，他擅长仕女形象塑造，眉目传情，惟妙惟肖，既有夸张，又重写实，其作品开创了石湾人物陶塑的新风貌。

没有人知道，佛山五千年制陶史上究竟出过多少有名和未名的陶艺家。黄古珍、黄炳叔侄与陈渭岩、潘玉书师徒等人与时代同频共振共命运，他们所创作的作品多能反映时代、歌颂普通百姓，激发人们至为朴素的爱国热情和热爱生活的情感。

佛山万福台

陈渭岩（1871—1926）是佛山石湾魁龙里人，乳名胜，字惠岩，又名陈鸿彬，自号养云居士、卧云居士，别号诚一道人、壶隐老人。他是清光绪至民国期间的石湾著名陶艺家，善塑人物、动物像。

陈渭岩是陈家独生子，父亲是石湾陶塑艺匠。陈渭岩七岁时，其父即请老师教其读书识字。17岁时，其父去世，又适逢塾师告老，于是族人推举陈渭岩代课，成为乡中"民办教师"。后来由于受康有为维新派"读时务之书，讲格致之学，培养为国雪耻人才"思想影响，复操其父旧业，开始受雇于中兴陶艺店，师法陶塑名家黄古珍、廖荣、刘胜记等人技艺，学习陶艺制作，大有长进。

清光绪十六年（1890），陈渭岩将南海九江人潘玉书纳为门徒。清光绪二十九年（1903），陈渭岩应邀赴江西景德镇参加重修关帝庙，他授意爱徒潘玉书参与，潘玉书所塑关公像举镇称善，人们称陈渭岩为"老广师

97

傅"，潘玉书为"小广师傅"。嗣后，陈渭岩便以"粤东陈渭岩"自称，在景德镇挂牌执业，一并学习景德镇瓷塑及施釉彩绘之法。清光绪三十二年（1906）师徒二人返回石湾居住，并继续陶艺制作。师徒二人或以瓷胎作品施以粉彩之釉，或以陶胎作品施以龙泉青釉，将景德镇的瓷塑和石湾的陶塑熔于一炉，创作了一批汇合两地工艺特色的上佳作品，成就了新一代"石湾公仔"的名声。他的作品《日月神》，入选了巴拿马国际博览会展览。

陈渭岩早期的作品有粉彩《贾宝玉》、彩绘《抱子观音》等，虽稍显华丽烦琐，但毕竟创石湾艺人一代之先，具有标杆意义。而后经过不断改进，陈渭岩又有《女尼》《昭君出塞》和《刘海戏蟾》等佳作问世。其中又以《女尼》最获好评。该作品以坐禅为题，所塑女尼在蒲团上盘腿而坐，闭目垂眉，既准确表现了女性骨骼及生理特点，又生动刻画了女尼虔诚脱俗的高逸神致，充分显示了陈渭岩观察生活细致入微和善于塑造人物性格的艺术造诣。陈渭岩善采众长，其成名之作有五彩釉《林则徐》《番鬼痰壶》《巴夏礼尿壶》和《夷人献酒壶》等爱国主义和反帝反侵略题材作品。其中《林则徐》中人物身穿补服，坐太师椅上，目光炯炯向前做凝视状，将爱国民族英雄林则徐果敢刚毅、英武威严的气概塑造得栩栩如生，呼之欲出。

相形之下，其代表作《巴夏礼尿壶》里的英国外交官"巴夏礼"，则头戴草帽作壶口，左手叉腰作壶把，左肘托腮支地，屈足侧卧作壶身，全器上绿釉，显得狰狞猥琐，可憎可笑。商民被陈渭岩的爱国情怀所打动，纷纷争相购买。发动鸦片战争的英国侵略者，竟派使臣向清廷提出抗议。腐朽清廷畏外，遂派员搜毁殆尽，让人深感清廷无能。

海上丝绸之路是造福世界人民的无私航道，它没有民族之别，没有肤色之别。"海丝"的畅通，为各国商贸和文化交流打开了路径，提供了更多的可能性。

民国元年（1912），陈渭岩受邀到实业家刘星侨开设的广东省陶业公司制作陶塑精品出口。后来公司因经营不善，经济陷入困境，不得不歇业。陈渭岩审时度势后，偕爱徒潘玉书等人转到裕华陶瓷公司任职，继续创作陶艺作品出口海外。彼时的陈渭岩受裕华艺术指导高剑父"折中中西艺术"的主张影响，渐改早年排斥西方文化的心理，正式接纳国外文化，尤其是欧洲文化。这段时间他所塑的陶艺作品更加趋向于写实了，其《陈渭岩自塑像》，全身施以古铜色釉，肢体比例一如真人，实属罕见的石湾陶原创精品。而后陈渭岩又受石膏像注浆成型的启发，先后创作了素胎《拾蚬壳的小孩》《昭君出塞》和《孟浩然》等著名陶艺佳作。他的这些作品素胎白釉，既见石膏像的淡雅，又有瓷塑的古朴，二者天然合一，极具艺术审美情趣。该作在造型上一改石湾公仔宽袍峨冠长裙曳地的传统，运用更为科学的人体解剖手法，通过刻画衣纹，表现人物骨骼肌肉。此举开创了石湾陶塑传统的浪漫主义与现实主义相结合的发展新阶段。

陈渭岩塑陶的功力深厚，其耿直为人与不为权贵折腰的性格和精神气质也让人为之折服。

陈渭岩款东坡爱砚像

江孔殷出生于广东南海，系清朝京官、美食家，对烹饪极感兴趣，曾因创出广东名菜"龙虎斗"而声名大噪。就是这个江孔殷，有一次曾延请陈渭岩为其塑一胸像，议定酬金为500银圆。孰料像成之后，江孔殷阴着脸诸多挑剔，要求减半付酬。陈渭岩对于江这种"无赖"做派甚为不屑，也不理论，径直就取回雕像，置铁笼中，放在广州海幢公园金鱼池旁供人笑骂，任人评头论足。

游客中有认识江孔殷的人士，都说造像太像江孔殷"江太史"了，朝廷命官怎会被囚于"铁笼"中"示众"呢？他们既纳闷，又无奈摇头掩鼻哂笑。此事成了一个不大不小的笑话，坊间纷纷传出"江太史变猴子了"的小道消息。难听话传到江孔殷耳朵里，无奈之下，这"猴精"为了挽回声誉，只好照原价付酬，请求陈渭岩一手交钱一手交像。

陈渭岩还曾为两广总督张之洞造像，颇受好评。民国十年（1921），澳门大律师文度士慕名来穗，以每尊500银圆高价力邀陈渭岩和潘玉书为其塑制8尊高70厘米的素胎人物。像塑成之后，两尊留在澳门贾梅士博物馆，另外6尊则被运往里斯本葡萄牙国家博物馆陈列，被葡萄牙政府视为国宝。民国十三年（1924）又为香港"利园"（今利国酒店所在地）塑造陶像，其像大如真人，由于彼时香港条件有限，根本无窑可烧，"利园"被毁之后，陶像不知所终。民国二十五年（1936）二月，潘玉书在香港潘祠展出作品数百件，观众如鲫，川流不息。当时的《国华报》称他的作品"寸瓦寸金"。

陈渭岩技高胆大，他还曾仿宜兴古窑釉色，制作人物、动物及器皿多款，其中以松树书画筒和笔筒最为古朴典雅，是清末民初不可多得的陶艺佳作。

陈渭岩体弱多病，曾叮嘱其母到广州六榕寺祷告祈福，并许愿病愈之后，一定塑六祖像百尊以还愿。陈渭岩病愈之后，果然践诺，他所塑的六祖像高 18 厘米，坐于石上，胎骨无釉，衣褶古铜釉，形神兼备，颇见功力，陶塑钤有"岭南陶隐陈渭岩作于羊城诚一窑制"篆书方印，实为传世佳作。由于所塑有百尊之多，故至今仍有不少传世。但是也有不少赝伪之作。民国十五年（1926 年）陈渭岩病逝，享年仅 55 岁。他的去世无疑是石湾陶的一大损失。

陈渭岩的成就，并不限于那一件件流传千古的传世作品，更在于他培养出了潘玉书这样一位冠绝今古的陶艺大师。

作为陈渭岩的高足，潘玉书被陶艺界誉为"代表石湾陶塑发展方向的雕塑家"，其艺术成就举世公认。彼时潘玉书的行货胚（半成品）就能卖十几银圆，所塑的石湾公仔更是价值不菲，其作品价值让人叹羡。

潘玉书（1889—1936），广东南海九江河清村人，名麟，字玉书。潘玉书出生于一个蜡雕工匠家庭，自小随父亲潘锦之学艺，在其父开设的佛山"粤华轩绸衣公仔店"学做绸衣公仔。受家庭熏陶，12 岁的潘玉书便学得一手制作绸衣公仔的手艺。

1906 年，17 岁的潘玉书师从著名陶艺家陈渭岩学习陶塑人像，仅用三年时间，就学得真传。陈渭岩眼界开阔，富于开拓精神，他不满足于石湾本土陶艺，一有机会，就带着爱徒潘玉书出去学艺传艺。彼时家里已为潘玉书定下亲事，因随师往江西景德镇学艺而推迟婚事。彼时粤汉铁路尚未开通，师徒二人长途跋涉，饱览山河之美，认真学习观摩了各地名家的陶瓷工艺作品，取长补短，融会贯通。其中德化人物瓷塑给他们留下了很深的印象。到景德镇时，适逢当地重修关帝庙，其中一项重大工程就是重塑关帝像。当地相关部门邀请各地名师各塑一座，当众评比，择优选择方案。潘玉书师徒也在被邀之列。此举实则是一场名家林立的塑技大赛。评比结果大出意料，年纪轻轻的潘玉书初试锋芒，竟然一举夺标。年轻陶艺家潘玉书由此名震瓷都。

从江西返回佛山石湾后，潘玉书干脆开了间"潘玉书古玩店"，专门从事陶塑泥坯制作，泥坯专门售给同庆堂等7家大陶艺厂。潘玉书毕竟年轻，起初他不善选泥，也不熟悉泥性，且于制釉一途毫无经验。好在其心灵手巧，所塑泥像极为传神，委托私人店号烧制出来，每一件都是精品佳作，让人刮目相看。

在佛山石湾，至今还流传着潘玉书"塑像捉贼"的小故事。据说某日，潘玉书从某茶楼喝茶出来，迎面闯进来两个高个子抬着两个大木箱气喘吁吁赶路。喜欢描摹生活中人物的潘玉书，当即从袖中取出陶泥将这两个人的神态捏了出来。谁知这两个人刚走不久，随后赶来的衙役就问潘玉书有没有看见两个

潘玉书款白釉读书仕女像

盗贼模样的人来过。原来适才那两人竟是盗贼。潘玉书当即从怀中掏出两个泥塑交给衙役，衙役按图索骥，很快就凭着潘玉书所塑的泥像轻而易举地将盗贼擒获。此事一时被传为佳话。

"海丝"似乎专门为潘玉书敞开了一条道，他兼容中西的陶艺昂首挺胸走出国门，畅销海外，大量订单雪片般飘飘洒洒而来，这更让他信心百倍，驰誉八方。

当年经过两次外出"取经"，脑筋活络的潘玉书见识了西洋雕刻的优

美之处，他张开怀抱、拥抱世界，认真吸收来自国外的营养，并着意为我所用。通过努力钻研技艺，力求革新，研制色釉，潘玉书制作出芝麻、蓝、绿釉彩，作品艺术效果益发彰显。在创作过程中，他注重观察人物，积累素材，善于从戏剧中汲取艺术营养。创作手法运用多取自石湾民间传统艺术，并借鉴西洋雕塑绘画技法，将两者巧妙融为一体，同时融合工塑、意塑二派的手法，他所塑的人物陶塑作品俊逸疏朗，真切传神，人物衣纹流畅，釉色素雅，其功底之厚实，让人刮目相看。潘玉书陶塑作品的最大特点就是典雅、洗练，丝毫没有拖泥带水，其作品既有夸张的造型，又有逼真的写实，二者相得益彰，更见审美情趣。潘玉书重视表现人物感情，尤其重视人物神采的表现，既重表，也重里，表里如一，互相兼容，达到形神兼备的完美境界。

潘玉书多才多艺，高质高产。其陶塑人物作品多以古典题材示人，此外，还有不少表现历史人物如贵妃、貂蝉、华佗、苏武、关羽、李白、岳飞、范蠡等，神话人物如八仙、牛郎、织女、和合二仙、寿星公等，宗教人物如观音、佛像、罗汉等作品面世。

《贵妃醉酒》是潘玉书的代表作之一，作品将杨贵妃圆润的脸庞、丰满的身材、简洁的衣纹、流畅的线条刻画得相当到位，活脱脱一个仪态万方的宫中贵妃形象展现眼前，让人叹为观止。《贵妃醉酒》是潘玉书的代表作，与《大乔小乔》《太白醉酒》《钟馗》《虬髯公》并称为"潘玉书五大名作"，一直被视为石湾陶器的珍品，不少陶艺师匠人都拿这些作品来学习，奉为圭臬，模仿者更是不乏其人。

1936年，潘玉书在石湾当地筹办了个人作品展。据当时的报道说，观众可免费入场，场内的展品均为非卖品，分有鸟兽、石山、人物三部分展出，此外还悬有名人潘冷残、陈恭受等人的题词十几幅。报道中的潘冷残即为潘达微，曾以冒死收殓黄花岗七十二烈士而闻名于世，他善绘画、摄影，对潘玉书作品情有独钟，很是认可。这一资料证明，最晚在20世纪30年代，石湾的陶艺家们就已意识到石湾陶的艺术价值，并已有开办个人作品展的意识和概念了。

1937年初的第二次全国美展广东预展会上，已有70件（套）石湾陶器参加了预展。一时间，石湾陶被推向中国美术界的台前，原本犹抱琵琶半遮面的存在状况，得以全貌示人，作品抱团展示，分量不轻，颇受好评。参展者包括林棠煜、刘佐潮、潘玉书、霍津、陈赤、刘传、醉石轩（梁福）、吴清、罗流、潘雨生、何伦等，均系彼时石湾著名陶艺家。另外还有和生号、四兴号与冠华号三家店号送作品参展。这些作品标注的售价大多在7至10元，定价最高为50元，是刘佐潮的作品。潘玉书最为内敛，他的参展作品标注"不售"。这些作品的标价当然不能与同场画家标价100元以上的相比，因为不少人还没有从根本上认识陶塑为何物，其艺术价值还未被完全认识，标价自然还不能太高。据此可见，旧社会手艺人依然比画家的身份地位要略低一些。但陶艺作品与画作能够同场展览，足以证明民国时对陶塑作为美术品而存在已经在社会层面被认可了。1938年旧民国报纸还以"石湾两陶匠"为题，专题采访报道了石湾著名陶艺大师黄炳和潘玉书。这是目前见诸报端关于石湾陶和石湾陶艺家的最早的一篇报道，具有非凡的标本意义。

从那以后，佛山陶瓷历史又被翻开新的发展篇章。

读万卷书，行万里路。潘玉书是个注重理论与实践相结合的陶艺大师，务实谦和、大器能容是他显而易见的品格。为了提升作品的生活气息，增加烟火味，潘玉书的创作足迹遍及全国各地，在游历大好河山的同时，他不忘俯身观察周边的事物，收集可贵的创作灵感。

潘玉书学贯中西，他对欧洲雕塑一直喜爱并非常推崇，他的陶塑作品极为注重造型，对釉色的要求倒是不那么看重了。因为在他看来，釉色是外衣，只起到辅助作用，对陶塑作品本身的精美度并不构成太大影响。

事实上，潘玉书的陶艺作品欧化风格明显，这让他的作品很容易与石湾一众陶艺家的作品区别开来。比如说，他创作的裸体妇女神像，明显带有欧洲雕塑风格，涂的是乳白釉，看上去跟真正的石雕很相似，难辨其用料材质。潘玉书的陶塑作品多以各色人物为主要创作题材，其融通中西的创作风格成为石湾人物陶塑发展的一个异数，开创了石湾陶塑艺术洋为中用的新流派，让人耳目一新，为之击节。

在佛山五千年制陶历史上，潘玉书是"大神"一般的存在，人们不会忘记他对佛山的热爱，对石湾陶的历史贡献。他的艺术造诣在石湾陶发展历史上，具有不可复制的审美品质。作为一代陶艺宗师，潘玉书成为石湾陶艺人中第一个登上《中国美术词典》的人。2007年国家邮政局发行的《石湾陶瓷》特种邮票，一套两枚邮票都是潘玉书的作品。澳门邮政局同时发行的《石湾陶瓷》邮票，采用的四个微型陶塑也出自潘玉书之手。

斯人已逝，风范长留。潘玉书的历史遗存，给石湾陶留下了可贵的一笔财富，彼时的青年陶艺家刘传便是潘玉书精神财富的受益者和潘玉书陶艺的继承者，成为石湾陶塑历史上承前启后的一座里程碑。

民国后期到新中国成立前夕，以刘传为代表的陶艺大师们把传统精神与现代审美观相结合，带领石湾陶艺步入了当代艺术的殿堂。

刘传（1916—2000）小时候体质孱弱，10岁时，父母节衣缩食送他进私塾读书，但刘传厌倦"之乎者也"，对"四书五经"更是兴味索然。无奈之下，父母只好让他转学。前后进过三家私塾，但刘传所得甚微，平日里只迷恋于听"讲古"（说书）、看粤剧、读"公仔书"（连环画），受到民间艺术耳濡目染的熏陶的刘传干脆不再读私塾。

12岁的他便开始偷偷学陶塑。1928年，因家里实在揭不开锅，刘传遂入古玩行当学徒，后又转入陈奇记当长工，在备受煎熬的艰辛劳作中，刘传学会了炼泥、配土、烧釉等整套石湾陶瓷工艺技术，并以"窥师习艺"的方法，揣摩和钻研前辈名家作品。刘传手巧，他敢于创新、勇于拓展，早期作品具粗犷、豪放的艺术雏形。日夕研磨有年后，他塑造了《张飞》，这成了他的成名作，很快他就在石湾艺坛崭露头角，时年二十出头。

受过旧社会煎熬的刘传，从小就知道家国之痛，他以自强不息的精神，饱含爱国主义深情，埋头创作了一批富有融合爱国情调和高度民族精神的传世杰作，如《铁拐李》《钟馗》《达摩》《水浒人物》等。这些作品以高超技艺，表现了除暴安良、扶正祛邪的民族精神，其思想性和艺术性的高度统一，使不到而立之年的刘传成为石湾陶艺公认的一代宗师。

20世纪30年代，刘传的陶艺作品《铁拐李》《瘦骨仙》《芭蕉罗汉》等被选送到伦敦的世界博览会上展出，获得很高的评价。抗战胜利后，刘传的艺术生命一步步迈向辉煌。他渡过了商业化的洋庄公仔危机，以作品的创新获得艺术的生命力，其作品不仅在大陆，而且在港澳地区、东南亚各国和美、英、日诸国渐享盛誉。《芭蕉罗汉》《观音像》和《受苦受难的耶稣》等代表作蜚声海外。

刘传学潘玉书而青出于蓝胜于蓝，他是石湾陶艺史上承前启后的里程碑式的一代陶艺大师。他主张陶艺作品应注重"动中有静，起中有伏，粗中有细"，在情节处理上要"宜起不宜止，宜藏不宜露"。20世纪60年代刘传归纳总结出富有创见的陶艺理论，提出了"十浊一清，十清一浊""奇而不怪，丑而不陋"等陶艺美学原则，被代代相传至今。刘传佳作频出，逾以千计，其中不少被海内外有影响的博物馆和知名鉴赏家收藏。他的作品登上《人民日报》《人民画报》《美术》《连环画报》等名刊，同时还经常参与国家对外文化交流，饮誉海内外。

刘传一生勤于创作，脍炙人口的佳作很多，如《李白醉酒》《东坡赏梅》《关羽》《屈原》《瘦骨仙》等都是广为传诵的代表作。刘传成名很早，他在1979年全国工艺美术创造设计人员代表大会上被授予全国首批"中国工艺美术大师"荣誉称号。1983年和1985年，刘传两次在澳门举办了个人的作品展。1992年，佛山市为推动石湾陶艺的发展，结合刘传从艺63周年，举办了"刘传陶塑艺术研讨会"，广东省和佛山市知名文化代表160多人参加了该研讨会，颇受好评。

刘传一生在陶塑艺术方面贡献突出，获誉无数。他不仅对社会人生百态观察入微，而且对烧窑位置、釉彩变化、陶泥性能、工具运用，都烂熟于心，他是彼时石湾古玩行业掌握陶瓷生产全面知识的不可多得的人才。

可以说，刘传的艺术人生横跨整个20世纪，时代赋予他多重角色。刘传早年踏着潘玉书的足迹前进，后来开拓了属于自己的前进道路，为石湾陶艺增添了不可多得的文化财富。旧社会连年征战，石湾陶与民间艺人青黄不接，甚至几近凋零绝迹。刘传承担起传帮带的职责，担负起了前承陈渭岩、潘玉书高技，后启庄稼、廖洪标、刘泽棉等新人成长成才的历史纽带作用。他继承了中国传统陶塑的优秀技艺，加以开拓创新，又将之毫无保留地传导到后辈艺人手中。

刘传从艺七十余年，一生留下四五千件原创佳作。虽然他未曾接受正规教育，文化水平不高，但他对石湾陶进行了理论重塑和提升，成为响当当的一代陶艺宗师。石湾陶艺之所以能登堂入室，进入中国艺术的最高学府，成为专家们由衷称奇的民间艺术瑰宝，跟刘传的努力绝对分不开。佛山五千年制陶史因为有石湾陶的存在而显得厚重扎实。没有人会想到，岭南一隅石湾的民间窑口，竟能为中华艺术重要的留存作出如此巨大的贡献，一代代陶艺家的薪火相传，是必须汲取的精神财富。

刘传的代表作《弃官寻母》是抗战时期创作的一件陶艺佳作，其批判

刘传陶塑《弃官寻母》

日寇逼得中国人妻离子散、亲人无法团聚的寓意相当明显。这件作品在艺术、情节、视觉要求和人物形象的处理上，都运用了夸张的手法。在情节处理上，如何才能更好地将孝子朱寿昌寻到老母亲时那种悲喜交集的情景表现得更加淋漓尽致呢？刘传将他们两者的面部安排集中在一起，着重刻画面部表情。如果按照现实生活的情况，一个站着一个跪着，他们两者的头部之间的距离是不会离得这么近的，这样的安排，是刘传根据现实中老年人面部肌肉下垂、筋络不断收缩、身段比较矮小、驼背等这些特点来夸张的。此情此景，就会使人们联想到现实中有那么一个孝子，历尽千辛万苦才寻到母亲，然后扑通一声跪倒在老母亲的膝下，而那老母亲则由于年老眼花，为了看清楚久别重逢的亲儿，自然地将眼睛向儿子的脸前靠近的情景。有了这种现实的基础，刘传认为运用适当的夸张手法是合情合理的。

刘传这尊作品刻画了一位受尽磨难的母亲见到儿子时催人泪下的真实形象。老母亲弯腰驼背、颈椎无力、头颅耷拉，佝偻着身子，深凹的双眼流露出饱经磨难的神色，她深情凝望着跪地的儿子，一种欲说还休的悲催跃然眼前，刘传以奇巧的艺术构思将母子的形象刻画得精细入微，以艺术夸张的手法，将一位朝夕盼儿归的老态龙钟的慈母形象展露无遗。这种身临其境的艺术效果，令人动容心碎，却又感佩不已。

青年成名的刘传三餐无忧，但是日寇的侵略，严重冲击了他原本还算平稳的生活。内忧外患给他带来的伤害不可谓不大。彼时刘传还受到过土匪的恐吓，他甚至连上街行走都提心吊胆，只能整天躲在家里闷声创作，沉浸在苟安的氛围中，以无奈"宅男"形象聊以度日。刘传这一时期的作品充满血泪和沉思，爱国主义思想时有展露。

到了新中国成立初期，年轻的刘传对新政权缺乏了解，依然深居简出，躲进小楼自成一统，每日沉浸在艺术氛围中寻求精神安慰。后来，新中国以最大的诚意感动了他，并张开怀抱拥抱了他，给了他温暖与关怀。直到这时，刘传才自觉走出家门，并且按政府要求开始授徒传艺，为石湾陶瓷艺术贡献力量。

战乱多年，石湾陶艺几乎到了断层的尴尬局面，传承石湾技艺成了迫在眉睫的事情。彼时，青年陶艺家庄稼经由组织安排，拜刘传为师学习陶艺。此后的岁月里，刘传不但亲授了刘泽棉、廖洪标、黄松坚等多位弟子，他的五个儿子中也有四人与陶艺结缘。刘传丰富的创作经验，影响了石湾一代陶塑艺人，庄稼、刘泽棉、廖洪标、黄松坚等都曾得到他的艺术指导，这批青年才俊后来都成为艺术成就卓著、各领风骚的中国工艺美术大师、中国陶瓷艺术大师。刘传的几个子女后来都传承了他的衣钵，开枝散叶，分别自立门户，为弘扬父艺和石湾传统陶艺增光添彩。

在石湾，刘传和区乾（1907—1958）是石湾陶艺耀眼的双子星，他们闪光的名字，分别代表了人物和动物雕塑的最高水平，具有里程碑意义。区乾的陶艺作品风格严谨，长于写实，常以栩栩如生再现灵禽瑞兽的千姿百态而为人所称道。二位陶艺大师与擅塑山公亭宇、螃蟹、青蛙的微塑名家廖坚、擅长器皿制作的吴灶生、善制红釉的梁华甫等共同构成了石湾陶不可磨灭的名家名匠谱系。

1920年，年仅13岁的区乾迫于生活困境，从新会随父来到石湾瑞初斋当童工打杂，偷师学艺，他常以鸡、鸭、猫、狗、鸟雀为"师"，通过观察它们的形态，慢慢学着捏公仔。区乾擅长捏塑各种鸟兽，他从黄炳、廖荣、霍津等名家的作品中得到启发，取人之长，补己之短，创作水平突飞猛进，尤以创作狮、熊、猫、鸭等动物享誉业界。

日本侵华期间，佛山不幸沦陷，从彼时到新中国成立前这段时间，区乾曾先后几次往返于故乡新会和石湾之间，颠沛流离的苦难日子里，他先后经历了丧母和丧子丧女之痛。新中国成立后，区乾翻身做主人。1952年，广州人民美术社向区乾发出了诚挚的归队邀请。饱经劫难并步入不惑之年的区乾百感交集，他立即重返旧地重操旧业，并迸发出如井喷般的创作热情。几年下来，他创作了100多款动物陶塑，其中以胎毛动物为主。彼时的区乾对各种动物的塑造烂熟于心，对动物胎毛技法的运用可谓炉火纯青，所塑的各种动物栩栩如生呼之欲出。他的胎毛技法很快就成为石湾陶塑的独特制作手法。石湾陶塑技艺之所以后来能成为国家级"非遗"，区乾功不可没，他不愧是石湾动物陶塑的一代宗师。

区乾的动物陶塑形神兼备、惟妙惟肖，是继黄炳之后的又一个动物陶塑大师。如今，当站在他的代表作《翎毛鸭》前，你会看见一只鸭子自顾自地梳理着羽毛，神情专注而安然。其传神的程度让人拍案叫绝，过目不忘。他的另一个代表作《双喜》，两只喜鹊站在一截木头上忘情嬉戏，作品生动传神,喜感十足,让人看着都能感受到一种祥和之气。

在刘传、区乾等老一辈领军人物的带动下,来自广东各地的庄稼、梅文鼎、曾良、黄松坚以及佛山石湾本土的刘泽棉、廖洪标、刘炳、潘柏林、钟汝荣、杨锐华等一代陶艺新秀,先后加入了石湾陶塑艺术大军,他们以各自持之以恒的坚毅和思接千载的悟性治艺,以前辈艺人的高技为榜样,开拓创新,勇于进取,在改革开放的浪潮中勇毅前行前赴后继,凭借各自独特的长技,留下一批批精品力作,足耀艺坛。

新中国成立之后,石湾陶艺获得了新生,进入了飞速发展的阶段,石湾陶塑艺人获得解放,他们放开手脚,大力弘扬石湾陶艺精神。一大批年轻的陶艺家脱颖而出,在阳光雨露的滋润下快速成长起来。

中国工艺美术大师庄稼是广东普宁人,1931年生,1953年拜刘传为师,肩负起抢救民族遗产的重任。庄稼大师一生创作了许多精品佳作,《唐太宗》的大气豪雄、《诗圣杜甫》的光辉造型、《古代四大美人》的雍容典雅、《文成公主》的端庄秀美,都在庄稼作品中展露无遗。尤其值得称道的是庄稼反映现实生活的《塔吉克姑娘》和《试针》两件佳作,对火热的社会生活有着精准的表达。庄稼于1988年被评为中国工艺美术大师,他曾多次随全国美术家代表团出访波兰、匈牙利、美国、加拿大、新加坡、日本、澳大利亚等国。他的不少作品曾被评为全国优秀奖、全国美展优秀作品、全国工艺美术珍品,并被中国工艺美术馆和多家博物馆收藏。

中国工艺美术大师曾良1925年生于广东顺德,在陶艺界,曾良有"南国鹰王"的美誉。曾良与陶艺大师区乾是师徒关系,新中国成立之初,曾良被指派师从动物陶塑名家区乾,专攻陶塑动物创作。20世纪60年代以后,曾良确定了以鹰隼作为他主攻的创作题材。他把鹰视作"人世间英雄的化身""引以为精神之侣",通过塑鹰寄托自己"搏击长空""展翅九万里"的情怀。曾良不负众望,他吸收了黄炳、霍津、区乾等名家动物陶瓷生动传神的精髓及"胎毛技法"等表现形式，坚持深入生活，经常到动物园和野外现场观摩体察，收集了大量一线资料，用于创作。他同时还海量参阅中外有关鹰的资料图片，将鹰的雄姿烂熟于心，创作鹰隼题材时，信手拈来，俱为佳制，可谓得心应手。

中国工艺美术大师刘泽棉是佛山本土人，1937年生，是石湾陶艺世家刘胜记的第四代传人，也是石湾陶塑史上不可多得的一代大师。作为国家级非遗传承人，他用泥与火锻铸艺术人生，创作出数以千计的陶塑佳作。刘泽棉师古而不泥古，他在潘玉书、刘佐潮、刘传等名家的精神滋养下茁壮成长，自成一家。他的作品糅合工艺，端庄大雅，融汇了石湾传统陶艺的精华，又开出属于自己的棠棣之华。其对人物形象性格的鲜明刻画，对人物神采几近于通神的塑造，让人们记住了他鲜明通透的艺术个性。

中国工艺美术大师廖洪标1936年生于佛山石湾，是土生土长辣味十足的"本地姜"。他的父亲廖作民和叔父廖坚都是石湾本土派知名艺人，陶艺世家的背景使他自幼就开始接触、学习制陶的基本技术，并打下了传统技艺的深厚功底。1958年廖洪标到中央工艺美术学院进修，次年即拜师刘传，从其学艺，师徒二人的技艺传承自此有了精神和血缘的纽带关系。作为国家级非遗传承人，廖洪标作品以人物为主，善于塑造历史人物，对老人、罗汉等骨骼清奇的人物情有独钟。廖洪标创作严肃认真，一丝不苟，对石湾釉颇有造诣，其作品施釉独具绝活。

中国工艺美术大师梅文鼎1940年生于广东台山，是石湾现代陶艺的拓荒者、开宗立派者。1962年，梅文鼎以全科满分的优异成绩从广州美院毕业后，即到石湾美陶厂从事陶艺创作。科班出身的优势，让他的作品很容易就与其他陶艺大师区别开来。梅文鼎是一个创新意识很强的陶艺大师，他从不固守传统，从不重复别人，他坚持别出心裁的独创精神，善于将中华民族优秀文化传统转化为石湾陶艺的新内涵,在传统与现代之间游走,常常以夸张变形的手法表现石湾陶艺的新神韵,体现出鲜明的时代特色。梅文鼎是石湾众多陶艺家中最具艺术个性,也最有现代情怀的陶艺家,他的作品享誉海内外,是石湾现代陶艺创始人、学院派和创新派的重要代表。梅文鼎于2020年10月作古,其女梅晓山继承其衣钵,继续从事陶艺创作,光扬石湾陶艺精神。

中国工艺美术大师黄松坚1940年生于广东东莞,1959年进入石湾美陶厂工作,与石湾陶艺结缘。在漫长的艺术历程中,黄松坚以实践和理论相结合的方法进行创作,他将瓦脊公仔半浮雕改造成了圆雕,将瓦脊公仔的创作推向艺术巅峰。黄松坚作为国家级非遗传承人,他的作品充满阳刚之气,深受人们喜爱,他被誉为"石湾贴塑陶艺的拓新者"。黄松坚大师于2017年去世,其子黄志伟继承其遗志,从事陶艺创作,颇有建树,现已成为中国工艺美术大师。黄松坚、黄志伟父子同为中国工艺美术大师,这在石湾极为罕见。

中国工艺美术大师刘炳1939年生于佛山石湾,是陶艺大师刘泽棉的胞弟,兄弟同为中国工艺美术大师,这在石湾极为鲜见。生于石湾陶艺世家的刘炳,从小随兄刘泽棉学艺,叔公刘佐潮和兄长刘泽棉对他的影响很大。刘炳的陶塑人物造型端庄,线条优雅,颇具传统文化的精神气质,体现出一种严谨秀逸的儒雅之风,具有方圆以用的艺术特色,颇耐人寻味。

中国工艺美术大师潘柏林1956年生于佛山石湾,是地地道道的"石湾公"。他于1978年从石湾湾江艺术陶瓷厂走上专业创作道路。潘柏林的作品寓意高远,手法独特,独标风骨,独领风骚,常以市井风情为创作题材,善于反映寻常百姓的普通生活,在他的作品中,人们可以闻到烟火味。他走出了一条接地气的张扬民俗风情的创作路径,成为石湾陶艺难能可贵的写实派代表。

中国工艺美术大师钟汝荣1956年生于佛山石湾，1983年毕业于广州美术学院雕塑系，也是一位妥妥的"石湾公"。作为省级非遗传承人，他一直都把陶艺创作当成自己一生的事业。在长期的创作实践中，他全面掌握了一整套陶瓷工艺流程，同时发明了"刮绘塑"陶瓷雕塑新技艺，形成了独特的个人雕塑艺术风格。他的创作题材广泛，作品形式多样，在继承和发扬石湾陶塑精华的基础上，形成了古雅朴拙、泼辣豪放的特点。钟汝荣善于吸取各类艺术形式的表现手法，在题材上善于表现田园、市井风情，塑造社会底层的各种人物，体现出浑厚的平民意识。他善于用胎针表现人物不同的筋骨、肌肤，善于捕捉人物意趣横生的瞬间情态。

中国工艺美术大师杨锐华1955年生于佛山石湾，是如假包换的"石湾公"。擅长以画入陶的他善于运用中国画写意和工笔和写实的技法来设计和处理陶塑作品的造型。写意者粗犷、线条简练，写实者细腻、形象逼真。以国画理念构图，讲究虚实结合，突出主题。他追求作品的大气饱满、富于动感和宏伟的意境，对比手法强烈，致力于作品的思想表达和内涵体现，醉心于让观者感受到实物以外的内容，从而引发联想和共鸣。他的作品雄浑大气，作为塑造大型雄鹰的代表人物，他对雄鹰精神的深刻理解和在大型作品创作上的表现形式，使其成为石湾陶塑大气豪放的艺术典范。

更年轻的中国工艺美术大师黄志伟、范安琪从事陶艺创作多年，他们思想新潮，思路广阔，作品紧贴时代，现代意识强，是新生代中的佼佼者。其他还有一批中国陶瓷艺术大师如霍家荣、庞文忠、封伟民、霍冠华、潘汾淋、何惠娟、霍然均、刘健芬、刘雪玲、苏锦伦、冼艳芬，中国陶瓷设计艺术大师如杨英才、周炳基，中国工美行业艺术大师如曾信昌，活跃于国际陶艺界的原石湾陶艺家如吴信坤、张温帙、刘藕生、曾力、曾鹏和一大批省级工艺美术大师。他们各有着力点，共同撑起石湾陶艺发展历史的亮丽底色，构筑起一支强大的石湾陶艺家队伍阵容，将石湾陶艺事业不断向前推进。

FOSHAN
THE BIOGRAPHY

佛山 传

佛药『佛医』故事多

第六章

抱朴子南海炼丹

佛山先民的活动迹象虽然很早,但在东汉以前的古代典籍中,几乎找不到关于佛山先民们使用中医药诊病的记载。由于居于南方水草丰茂之地,各种植物长势很好,很多佛山先民也许在较早时代就在不经意中对中草药有了最为粗浅的认识。

缘于文学热爱,当我在《三国演义》中看到华佗为曹孟德治头风病、为关云长刮骨疗毒的有趣情节时,不禁为我国古代博大精深的中医击节叹服。

从魏晋南北朝而至隋唐五代,我国在脉诊、针灸、制药、外科、儿科、眼科等方面可谓取得了突出的成就。其中,东晋道教理论家、著名炼丹家兼医学大家葛洪所著的《抱朴子》《肘后备急方》就是关于炼丹的最为有名的著作。

事实上,佛山民间一直流传着葛洪曾在南海丹灶炼丹的美丽传说,为此,我还专门写过一首《悬壶者以丹灶命名田野与山岗》的诗篇,以表达我对葛仙的虔敬之诚。西樵山乃珠江文明灯塔,明以后,它更成为我国有名的理学名山。悠悠北江、滔滔西水浩浩汤汤地流淌着岁月的记忆,丹灶自然就成为佛山独具传奇色彩的地方,据说南越王赵佗为征服岭南、西汉著名说客陆贾为说服赵佗带领南越回归汉朝时也曾到过此地。

葛洪（283—363），字稚川，自号抱朴子，丹阳郡句容（今江苏句容）人，是东晋道教理论家、著名炼丹家和医药学家，世称"小仙翁"。所著《抱朴子》继承和发展了东汉以来的炼丹法术，对之后道教炼丹术的发展具有很大影响，为研究中国炼丹史以及古代化学史提供了宝贵的史料。

该书分内、外两篇。内篇20卷，论述神仙方药、养生延年、禳邪却祸之事，总结晋代前的神仙方术，包含守一、行气、导引等。他主张治乱世应用重刑，提倡严刑峻法，匡时佐世；对儒、墨、名、法诸家兼收并蓄，尊君为天；不满于魏、晋清谈，主张文章、德行并重，立言当有助于教化。葛洪精晓医学和药物学，主张道士兼修医术。"古之初为道者，莫不兼修医术，以救近祸焉"，他认为修道者如不兼习医术，一旦"病痛及己"，便"无以攻疗"，不仅不能长生成仙，甚至连性命也难保住。该书为医药学积累了宝贵的资料。外篇50卷，论述人间得失、世事臧否，阐明其社会政治观点。全书将神仙道教理论与儒家纲常名教相联系，开融合儒、道两家哲学思想体系之先河。在《抱朴子内篇·仙药》中，葛洪对许多药用植物的形态特征、生长习性、主要产地、入药部分及治病作用等，均作了详细的记载和说明，对我国后世医药学的发展产生了很大的影响。

此外，葛洪还撰有医学著作《玉函方》一百卷（已佚）和《肘后备急方》三卷、《正统道藏》和《万历续道藏》。《肘后备急方》，书名的意思是"可以常常备在肘后（带在身边）的应急书"，是应当随身常备的实用书籍。书中收集了大量救急用的方子，都是他在行医、游历的过程中收集和筛选出来的。葛洪特地挑选了一些比较容易弄到的药物，即使必须花钱买也很便宜，改变了之前"救急药方不易懂、药物难找、价钱昂贵"的弊病。

2015年诺贝尔医学奖获得者、我国著名药学家屠呦呦发明青蒿素，

葛洪画像

就是受葛洪《肘后备急方》的启发。葛洪尤其强调灸法的使用，他用浅显易懂的语言，清晰明确地注明了各种灸的使用方法，只要弄清灸的分寸，不懂得针灸的人也能使用。

作为古代中医方剂著作，《肘后备急方》内容广博，包括各科医学，其中有世界上最早治天花等病的记载，是中国第一部临床急救手册、中医治疗学专著。

葛洪出身于江南士族，是三国方士葛玄之侄孙。13岁时丧父，家境渐贫，以砍柴所得换回纸笔，在劳作之余抄书学习，常至深夜。乡人因而称其为抱朴之士，他遂以"抱朴子"为号。葛洪性格内向，不善交游，只闭门读书，涉猎甚广。葛玄曾师从炼丹家左慈学道，号葛仙公，以炼丹秘术传于弟子郑隐。葛洪约16岁时拜郑为师，因潜心向学，深得郑隐器重。郑隐的神仙、遁世思想对葛洪一生影响很大，自此有意归隐山林炼丹修道、著书立说。

晋永兴元年（304），葛洪加入吴兴太守顾秘的军队，任将兵都尉，与石冰的农民起义军作战有功，被封为"伏波将军"。次年辞官往洛阳搜寻炼丹制药之书，但因陈敏盘踞江东作乱，归途断绝，遂流落在徐、豫、荆、襄、江、广诸州之间。后葛洪绝弃世务，锐意于松乔之道，服食养性，修习玄静。继而师事鲍靓，继修道术，深得鲍靓器重，以女儿鲍姑许配。

建兴二年（314），葛洪返回家乡，隐居深山继续从事《抱朴子》的创作。东晋开国，朝廷念其旧功，赐爵关内侯，食句容二百邑。咸和（326—334）初，司徒王导召葛洪补州主簿，转司徒掾，迁咨议参军。咸和二年（327），葛洪听闻交趾出产丹砂，自行请求出任勾漏（今广西北流县）令。赴任途经广州时，顺道在佛山丹灶逗留，在那里有过一段难忘的炼丹岁月。后来，广州刺史邓岳表示愿供他原料在罗浮山炼丹，葛洪遂决定终止赴任的行程，从此隐居于罗浮山。他在朱明洞前建南庵，修行炼丹，著书讲学。因从学者日众，又增建东西北三庵（东庵九天观、西庵黄龙观、北庵酥醪观）。

葛洪隐居在今天的南海丹灶期间，从事炼丹术，留下了很多传奇故事。现在的佛山南海丹灶镇据说就是葛洪当年结灶炼丹之地，其中仙岗村还保留有据说是葛洪炼丹的丹钵，钵高 40 毫米，最大直径 86 毫米。村中还有仙井、仙岗、仙祠、仙井坊等景点。现佛山顺德区有葛岸乡，据清咸丰《顺德县志》载，古时候顺德还有葛仙洞。

2018 年清明，丹灶仙岗乡人在开挖仙岗书院旁原址地基时，意外发现一块写有"葛仙祠"的大理石匾，这有力证明了葛仙祠在仙岗村曾真实存在。2019 年 3 月，一封仙岗村民自发启动重修葛仙祠的倡议书派进村中每家每户，立刻得到 300 多名村民支持，他们自发筹款 90 余万元，资助在原旧址重建葛洪纪念馆。如今，葛仙祠重开，因"葛洪炼丹遗下炼丹灶"而得名丹灶镇，以及因葛仙取水炼丹而得名仙岗，这两个美丽的传说都有了一个具象的载体。而葛洪在南海丹灶结灶炼丹的故事，无疑是最令人津津乐道的地方经典。

葛洪在坚信炼制和服食金丹可得长生成仙的思想指导下，长期从事炼丹实验，在其炼丹实践中，积累了丰富的经验，认识了物质的某些特征及其化学反应。这也是现代化学的先声。他在《抱朴子内篇》中的《金丹》和《黄白》篇中，系统地总结了晋以前的炼丹成就，具体地介绍了一些炼丹方法，记载了大量的古代丹经和丹法，勾画了中国古代炼丹的历史梗概，也为我们提供了原始实验化学的珍贵资料，对隋唐炼丹术的发展具有重大影响，葛洪是炼丹史上一位承前启后的著名炼丹家。葛洪在炼制水银的过程中，发现了化学反应的可逆性。他指出，对丹砂（硫化汞）加热，可以炼出水银，而水银和硫黄化合，又能变成丹砂。他还指出，用四氧化三铅可以炼得铅，铅也能炼成四氧化三铅。在葛洪的著作中，还记载了雌黄（三硫化二砷）和雄黄（五硫化二砷）加热后升华，直接成为结晶的现象。

相传葛洪夫妇还曾在南海西樵山和广州越岗院（今三元宫）研究炼丹术和医学，并常行医于百姓之间。葛洪的理论，坚定了帝王将相和士大夫们对道教神仙长生说的信仰，也丰富了道教较为贫乏的宗教教义，更开了南方道教注重教理研究的风气。

佛山是岭南广府文化的重要发祥地，葛洪炼丹于此，自然留下了许多佳话。到了大唐盛世，中医药更为官府和民间所重视。苏敬等23人奉敕联手撰于唐显庆四年（659）的54卷本《新修本草》（也叫《唐本草》或《英公本草》）载药多达850种，同时还增加了药物图谱，让人一目了然。该书成为我国第一部由政府颁布的药典，也是世界上最早的药典。原书现已散佚，幸好其主要内容还保存于后世诸家本草著作中。

"国医"走"单骑"

"国医"乃中华瑰宝,好东西不能独享。心胸广博的中华儿女秉持着"病痛无国界、医药无国界"的道理,没有把老祖宗留下来的宝贵中医药遗产藏之深山,而是大胆拿出来,让"国医"大大方方地拥抱"海丝""陆丝",让它走出去,不断发扬光大。

唐以后,随着海上丝绸之路的开通,我国医学理论著作开始大量外传至日本、高丽、中亚、西亚等地,为我国中医"走出去"做出了不可磨灭的实质性贡献。

科学无国界,世人共受益。通过陆上丝绸之路与海上丝绸之路打开的中医药大门,自此再也不可能关上了。这就是彼时的基本状况和基本事实。新中国成立后,中医获得了长足进步与发展,国粹地位日显。

毫无疑问,佛山中医中药是我国中医中药大家庭中不可或缺的一员,它肇始于我国古代特定的自然环境,与中华民族人文历史、社会发展相得益彰,彼此成就,成为佛山重要的历史文化名片之一。

佛山中成药业发轫于明清,譬如"梁仲弘祖铺"的"抱龙丸""冯了性风湿跌打药酒""保滋堂成药""黄祥华如意油"等,都是明清时期就已鼎鼎有名的大品牌、佛山重要的医药文化名片,它们因受到人民大众的欢迎而行销一时。

佛山中成药的崛起，带动了中药材业的兴旺。据了解，清乾隆年间佛山售卖人参等名贵药材的店铺就达27家之多。此外还有参茸行、槟榔行等民间坊肆。据不完全统计，仅光绪年间佛山就有参茸店数家、生药材店10多家、熟药店40多家、西土药材行多家。佛山在清代便涌现出何梦瑶、郭元峰、梁财信、邱嬉等一批著名医家，救死扶伤，为世人所称道。

19世纪80年代，中国国门洞开，英国循道公会先后派遣多位传教士到佛山传教。英国传教士医师查尔斯·云仁（Charles Wenyon）于1881年4月兴冲冲来到佛山永兴街的福音堂行医兼传教。是年10月，他又在佛山鹰咀沙缸瓦栏创办了广济医局，继续术业。1890年，广济医局迁址佛山镇太平坊，改名循道西医院。1893年，晏惠霖接任该院院长，境况有了更大变化。1908年，该院更名"西医院"，是佛山市第一人民医院的前身。1906年，佛山成立了近代较早的中医社团组织——医学求益社，该社设址于南海横江墟，后因时势变化，迁至广州仙湖街，于1909年在广州正式开张。1918年，原医学求益社创始人罗熙如、黎棣初等人思虑再三、权衡利弊后，又在广州创办医学实习馆，三水名医黄干南就曾任教习于此。

民国时期，佛山各行业相继成立职业性团体，既规范了行规，也有实行行业自治的职能在焉。抗战前，佛山市区和南海均成立了中医公会。值得一提的是，1927年广东中医公会成立了佛山分会，执委有吴虚谷、李明秋、明仁三、钟伯石、杨宜本等11人。1945年10月14日，李广海、陈典周、何炳楠、邓丽程、邝楚枢5人筹备建立南海县中医师公会，并于翌年1月在佛山南擎街南擎庙正式成立并开始运作。

不难看出，近代佛山各县可谓名医辈出、代不乏人，南海人谭星缘、冯瑞鎏，顺德人黎庇留皆名重一时，为人所称道。

广式凉茶

新中国成立后,国家鼓励城市私人开诊的医生逐步走上合作化道路,组织成立了联合诊所,在政府层面给予了支持。1951年7月,佛山成立中西医药联合委员会,在莲花路附近设立联合诊所,受到人民群众的欢迎。至1954年,佛山中西医生组成了17间联合诊所,造福百姓,传为佳话。1956年,冯德瑜、李广海、彭玉林等人将汾宁、健康、同仁三间联合诊所重组成民办公助的佛山市中医院,以此为肇始,至1958年,佛山市中医院从原筷子路10号迁址亲仁路6号。自此,佛山中医院遂逐渐成为闻名遐迩的国内顶尖中医院。

此前一年,吴满福、吴祖赐、吴国明等名医,携手将普君、福贤两间联合诊所整合成普君医院,是为佛山市第二人民医院的前身。实际上,自1955年起,佛山相继组织起来的中医联合诊所和中西医联合诊所就达29

间之多。到了 1986 年 5 月，佛山市政府召开振兴中医工作会议，成立了佛山市振兴中医工作领导小组，市卫生局随即设立了中医科，指导开展工作。时势勃兴，各县、区也顺势成立了振兴中医工作领导小组，提出各县区建立中医院，落实中医政策和知识分子政策等措施。自此，佛山中医事业才算真正插上了腾飞的翅膀。

生草药学与凉茶是佛山最为有名的中医药特色，流布甚广，益民甚众。佛山市中医院的骨伤科由骨伤名医李广海创立，声名鹊起，海内知名，极具佛山特色。1958 年，顺德县中医院和三水中医院相继成立，竖起招牌，治病救人。尔后，高明中医院于 1989 年建院，南海中医院于 1993 年建院，一大批德高望重的名中医为佛山中医中药事业的繁荣发展胼手胝足，立下了汗马功劳。

最是"海丝"佛药情

古佛山镇水道纵横,码头港口星罗棋布。特殊的地理位置与历史文化使得佛山成为"岭南成药发祥地"。

受惠于海上丝路的畅通无阻,佛山贸易在宋代已趋繁盛。彼时佛山铸铁声闻四海,备受东南亚各国青睐,佛山陶瓷业也得到迅速发展,这些"佛山造"通过"海丝"销往海外,备受欢迎。海外贸易很快就活跃起来。自靖康之乱至明初,中原战火之下,逃难的百姓纷纷南迁。偏安一隅的古佛山镇,手工业和贸易的兴盛,带动地方发展,不少人前来此地谋生。一些有钱人也选择来此居住经商,这就进一步促进了古佛山镇的发展。

佛山药材业也较兴盛的原因主要是"海丝"的畅通和化学工业在佛山早期相对比较发达,这为佛山成药业发展提供了便利条件。《广州文史资料》记载,"西土药重点原在佛山,1860年后才逐步转移到广州"。佛山地理位置优越,物产也较为丰富,彼时不乏制药用的线丹(四氧化三铅),密陀憎(一氧化铅),三仙丹或称红粉(氧化汞),银朱(硫化汞)等化工原料和产品,不少名贵药材在佛山都能买到,这就为成药方剂的制作提供了条件。

得益于便利的水路交通，佛山自明代起就成为南方商品的集散地。人口繁衍、商贸发展，求医问药带动了佛山中成药的发展。中草药因疗效好、适用面广、保存携带和服用都方便，很快就为人们所接受。由于毗邻广州，人口基数骤增，这就为医家药商的经营发展提供了很多的可能性。佛山中成药业由此慢慢发展壮大起来了。

佛山位于亚热带季风气候带，距海很近，明清时常受气候影响，人们常常要面对各种威胁。除了佛山中医药的庇护作用，佛山从医者还主动张开臂膀，拥抱西医，吸收其先进医学经验，为我所用。事实上，中国在明代就发明了人痘接种术。后来人痘接种术通过丝绸之路陆续传到国外。1796年英国医生贞纳对我国人痘接种术进行改良，发明了更加安全的牛痘接种术，为后来消灭天花做了很大贡献。

"海丝"连中外，洋为中用从此不是神话。牛痘接种术通过海上丝绸之路很快就传入中国唯一通商口岸广州。据记载，1805年葡萄牙商人许威（Hewit）带活牛痘苗到澳门，英国东印度公司外科医生皮尔（1780—1874）凭此在澳门开始推广接种牛痘，并招收中国学员进行推广。据道光《南海县志》载："牛痘之方，英吉利蕃商哆琳呅于清嘉庆十年（1805）携至粤东……时洋行商人刊《种痘奇书》一卷，募人习之。同时习者四人：梁辉、邱熺、张尧、谭国，而粤人未大信，其种逐失传。"彼时的佛山人对"牛痘"半信半疑，接种率自然不高。由于缺乏接受种痘者依次传种，致使此次传播遭到中断的命运。到了清嘉庆十五年（1810），牛痘苗由英国东印度公司通过海上丝绸之路再度从南洋传入中国，并在洋行商人支持下设馆传播。据光绪《广州府志》载："嘉庆辛未（1811），蕃商刺佛复由小吕宋携小夷数十，沿途种之。比至粤，即以其小儿痘浆传种中国人。洋商潘有度、卢观恒两都转、伍秉鉴方伯，共捐银三千两，发商生息，以垂永久。"文中所说的潘有度为广东番禺人，卢观恒为广东新会人，而彼时最有实力的行商伍秉鉴则为南海人。他们捐资助益乡民,主持种痘的南海人邱熺对推广牛痘起到了关键作用。此外,南海人黄安怀还专门著书介绍宣传牛痘的好处,他于 1815 年出版《西洋种痘论》,书中极言牛痘之好,让人们进一步加深了对牛痘的印象和信任度。

民国时期,较之内地,有"海丝"等地理优势加持的广东经济发展要相对繁荣许多,香港开埠后,广东的进出口贸易也有了长足发展。西医随西学东渐,开始慢慢影响中国,西医由是在广东立足,延及佛山,同时也促使了佛山中医药的发展与变革。

佛山是著名的武术之乡,而武术与成药关系密切。清代时武术达到鼎盛阶段,粤剧、狮艺等民间文艺渐成气候,有拳脚刀枪的你来我往,就会有跌打损伤。相关的医药由此应运而生,各种特色验方名药也相继出现。咏春宗师梁赞在佛山开设武医馆赞生堂,授徒卖药;洪拳宗师黄飞鸿在

佛山叶问堂

佛山开设武医馆宝芝林，卖药授徒；著名的佛山鸿胜武馆更是自创跌打药方，便民利民。诸多武馆医馆名医的加持，成就了佛山中成药、跌打药。

武馆林立是佛山的一道亮丽风景线，武馆发展自然也带动了佛山武医的发展。佛山各派武馆林立，伤筋动骨是常有的事。加之佛山从事手工商业的人员众多，各类工伤事故更是在所难免，这些都为跌打医术提供了施展技能的空间。

有意思的是，佛山的武馆常以跌打为主业，而以授徒为副业。看上去似乎有些本末倒置的感觉。比如当年的洪拳大师黄飞鸿既熟识武道，又稔熟医道，他一边在佛山开办"宝芝林"跌打医馆，行医疗伤治病，一边又设馆收徒，传授平生所学。又比如咏春大师梁赞，他也曾一边以经营跌打药材店"赞生堂"为生，一边以授徒传灯为乐，但真正得其衣钵者却凤毛麟角。

以医养馆、以医养武，以武传灯、武医并举，二者相得益彰。总之，武医融合发展在旧时的佛山再寻常不过了。可以说，那是佛山武术文化的独特气质，有着非常深刻的历史渊源和时代印记。这也在一定程度上增加了佛山武馆的民间亲和力与影响力。

佛山是有名的"忠义乡"，清末民初，佛山的武术名师辈出，极负盛名，一批骨伤科名医应运而生，这也为佛山伤科药物的兴盛提供了可能。时至今日，佛山市中医院骨伤科已经发展成为全国最为著名的中医骨伤科治疗医院之一。李广海等一大批"伤科泰斗""跌打圣医"在医学界骨伤科有着崇高的地位，其"伤科跌打丸"作为佛药名方享誉海内外。

从销售传播渠道来考量，佛药之所以畅销海内外，主要是因为有"广帮"商人通过汾江水道，携佛药北上，有了这些特效药品随行，以备不时之需，既传播了佛药，又带给内地人杠杠的安全"疗效"保障，可谓一举两得。"陈李济苏合丸""黄祥华如意油""李众胜堂保济丸""梁财信跌打丸酒""冯了性药酒"等名药无疑是他们的最佳选择。这些"广帮"回程时再带上北方特有物产，势能两边"通吃"，两头获利。

既然佛药如此受欢迎，能获取高利润，精明的"广帮"干脆就在外地设联号，做佛药生意。比如陈李济就在上海、香港、澳门、新加坡等地开有分店；佛山梁财信则在香港、上海等地开店营销佛药。佛药制造商也想方设法在各地寻找代理商，佛药行销晋、陕、豫、冀等省。民国时天津的保太和广药庄，是最早代售佛药陈李济宁坤丸、源吉林甘和茶、马百良白凤丸、李众胜堂保济丸的有名总代理。

近代以来，广东人、福建人漂洋过海，就跟走亲戚一般寻常。这些海外华人、侨胞侨民，在国外建"唐人街"、造华人区早已成为习惯和生活方式。大批华人华侨聚居一起，佛药的海外销售便有了特殊门径。随着他们对佛药的需求不断增加，不少精明的佛山药号都"走出去"开设分支机构，拓展海外市场。比如黄祥华太和堂、黄镇昌、黄世昌、李众胜堂等，在域外都有不俗表现。新中国成立后，这些硬朗的老字号依然屹立不倒，他们的后人一直在延续着佛药的香火。

佛药基因密码独特，在历史上的多次抗疫中表现奇佳，屡立战功，光耀海内外。1894年，广东暴发鼠疫，伤人无数，在佛山名医梁龙章以"易数运气方"论治施救之下，存活下来的患者不下十万。同年，鼠疫肆虐香港，顺德名医黎天佑的升麻鳖甲汤散剂，独树一帜，大显神威。1937年，霍乱袭击澳门，顺德名医张阶平辨证论治，无数病人得救。1956年至1959年，乙型脑炎在石家庄、广州等地横行，广佛名中医们携手阻击，顺德名医刘赤选以温病学辨证论治，施以特制佛药，药到病除。

尤其值得一提的是，在2020年初暴发的新冠疫情中，佛药以中西医协同治疗的方式应对，更是风骚独领，救人于水火。不少国外患者、海外华人华侨对佛药之功都深怀感激。

佛山地处岭南，气候炎热潮湿，煲凉茶、治未病早已成为一种生活习惯。佛山的药膳文化，通过"海丝"，现已成为本埠与海外华人华侨的日常"标配"。

沧海桑田，时移世易。如今，当人们穿过时光隧道，漫步于佛山的大街小巷时，随时随地还能看见佛药老字号发出的济世之光。

唯愿世间无疾苦，宁可架上药生尘。这是对药与人的关系的极佳写照。

佛山成药老字号众多，在数百年时光打磨下，衍生出许多美好的传奇故事。这些代表佛药形象和"广药"精华的著名中成药，利国利民，精诚济世，为解除疾患起到了很好的作用。病痛无情，佛药有情。这些品质硬朗的佛药，当年通过海上丝绸之路漂洋过海，畅销国外，广受世界人民的欢迎，走的是治病救人的正路，赚的是佛药声闻四海的名声。

海为龙世界，丝牵万家情。得益于"海丝"的温暖加持，长了翅膀的佛药声名鹊起，流布五洲四洋。数百载风雨兼程，佛山中医药传灯有人，薪火不断，佛药始终守护着佛山人乃至海内外人民的健康。21世纪以来，佛山越发重视佛药发展，对老字号的保护更是被提上议事日程，政府采取有力措施，全面加快中医药事业、产业、著名品牌挖掘保护和医药文化建设发展，通过收购、并购等方式，大力推动中医药从既往的"单打独斗"朝着"抱团"集群发展的历史跨越。自2013年起，央企中国医药集团有限公司将现代中药板块的管理总部设在底蕴深厚的佛山，这是国家层面对佛药的最佳标签。此举为持续推动佛山中医药产业集群化发展提供了绝佳机遇。

近年来，佛山中医药产业一直气势如虹，维持两位数的高速增长水平，总产值已经超百亿元。据了解，2019年，佛山营收规模超过10亿元的中医药大型骨干企业有2家，一家是一方制药，另一家则是环球制药，其中一方制药中药配方颗粒在国内市场占有率达30%。这就是如今的佛药，全国中医药的巨无霸。得益于"海丝"和"一带一路"政策的支持，佛药势必迎来更加美好的明天。

最忆当年老字号

说到佛药，老字号中为海内外所熟知的药品就不下百种，其中最有代表性的有十余种。

"抱龙丸"是梁仲弘蜡丸馆最负盛名的代表性中成药，专治小儿腹痛、吐奶。该药1981年曾改名为"小儿祛痰定惊丸"，1983年恢复原名，1995年被列入《中国药典》。抱龙丸还有另一个改进品种，主治小儿风痰壅盛、高热神昏、惊风抽搐、腹痛、吐奶水泻。

"黄日庚"所制的几种蜡丸，以"乌金丸"最有名。乌金丸提神醒脑、滋阴养气，治疗神经衰弱、腰酸头晕、易打瞌睡、夜尿频来、肾亏耳鸣效果尤佳，是明清两朝科场中的常用药。

广东马百良药房最知名的产品是"儿科七厘散"，专治小儿急热惊风、感冒发热、痰涎壅盛。

黄飞鸿"通脉丹"的配方虽然没有流传下来，但近代医师梁达所收集的"蔡李佛正骨跌打总方"中录有一个"通脉丹"配方。想必与黄飞鸿的"通脉丹"配方有异曲同工之妙。另外，黄飞鸿跌打酒药很出名，也叫"宝芝林伤科跌打酒"，清末民初时颇为世人称道。该药活血散瘀、消肿止痛能奏奇效，适用于跌打肿痛等症状。

著名老字号佛药三四百岁以上的，就有不少。尽管年华流逝，它们依然青春靓丽，魅力不减当年。这其中有太多的凄美故事值得缅怀和纪念。

已有450年历史的佛山著名医馆"梁仲弘蜡丸馆"创立于明万历初年（1573），最早建于古佛山镇早市（今佛山市福贤路），创始人为中医药大家梁仲弘。"梁仲弘蜡丸"因服用、携带、保存都极为方便，且疗效非常可靠，适用面又广，400多年来，"梁仲弘蜡丸"通过海上丝绸之路及各种交通枢纽传播全球，享誉海内外。

清康熙、雍正、乾隆年间，佛山镇的中成药业进入全盛时期，梁仲弘蜡丸馆仍保持领先地位。20世纪20年代，佛山开马路，该铺被拆去前面的三分之二，梁氏后人仍以后座仅余的三分之一为基础改作铺面，继续经营。日寇侵华时，梁仲弘蜡丸馆一度被迫停业。

1956年公私合营时，梁仲弘的继承人带着"抱龙丸"的处方、制作方法及财产，并入佛山市联合制药厂。该厂齐集了合营前各厂家的传家宝，因而品种繁多，质量有保证，疗效显著，生产得到迅速发展，传统的制作工艺与剂型得到发扬光大与改进。

关于梁仲弘蜡丸馆，坊间流传着一个这样的故事，话说蜡丸馆开张第三天，有一农妇怀抱孩子来佛山看病，当行至梁仲弘蜡丸馆门前时，孩子突然唇青面白，手足抽搐，双目朝天，喉部似被浓痰壅塞，此时离医馆还有较长路程。乡妇手足无措，面无血色，急得直哭。此情此景恰好被出门办事的梁仲弘看见。梁仲弘二话没说，立即将农妇迎进店来，情急如此，梁仲弘不假思索当场就取出"抱龙丸"，取来温水给孩子冲服。未几，病孩情形有了起色，小脸蛋很快就转红了，抽搐的手足得到缓解，喉部痰声也旋即消失。一刻钟后，孩子遂告脱险。

当时跑到店里围观的人无不拍手称奇，啧啧称赞梁仲弘"抱龙丸"是

陈李济

真正的"婴儿圣药"。

打那以后,一传十,十传百,"梁仲弘抱龙丸"声名鹊起,风靡一时。尤其是一些穷乡僻壤缺医少药的地区,家有婴幼儿者,必备"抱龙丸"以防不时之需。城里人见状,也无不争相抢购储存。

说到佛药著名的老字号,"陈李济"当然是个绕不过去的话题。陈李济跨越明、清、民国,走至今天,历400余年,经久不衰,是广东乃至全国历史最为悠久的中成药品牌之一,与北京同仁堂、杭州胡庆余堂并称为我国三大中成药店。陈李济在佛山虽只设有分支机构,但并不妨碍古佛山镇对它的情感,将之纳入佛药并无不妥。

陈李济"火兼文武调元手,药辨君臣济世心",创业之初即立志高远,胸怀天下,以"同心济世"为宗旨。唯其如此才能坚守古方正药之"正"。陈李济借助海上丝绸之路,远销重洋,在海外也享有"古方正药"的盛

137

誉。关于陈李济，最有趣的故事莫过于其与清同治皇帝有过戏剧性的交际。据说有一次同治皇帝得了感冒，上吐下泻，腹痛不止。御医们对此束手无策，不知计将安出。一番合议之后，他们斗胆让皇帝服下了陈李济出品的"追风苏合丸"。此举果然奏效。众御医这才松了一口气，悬着的心放回肚子里。病除之后，同治帝大喜，嘱人铺纸磨墨，大笔一挥就赐给陈李济医馆"杏和堂"三字，以资褒奖。因此，陈李济在清同治年间，又称为"陈李济杏和药厂"。

陈李济创建于1599年前后。民国初年颁布商标法时，"杏和堂"被注册成商标，一直沿用至今，已有400余年历史。1650年，陈李济创制乌鸡丸，该产品后来衍生出御用名药"乌鸡白凤丸"。1856年，陈李济在广州十三行开设批发所，作为其产品外输、洋药原料输入的口岸贸易机构，生意一直红红火火。1900年，英法联军入侵广州，陈李济老铺不幸毁于炮火，引为长恨。无奈之下，他们只好将药店暂迁佛山。

待英法联军之患稍稍平息，陈李济迁回广州恢复生产，而在佛山留一个支店继续经营。清末，在云南怒江、西双版纳一带，陈李济出品的"追风苏合丸"药力了得，很受欢迎，一粒药丸甚至可以卖一个银元。而在新疆地区，牧民甚至愿意以一只羊来换取一粒"大活络丸"。陈李济药品风行之盛，由此可见一斑。

1922年，陈李济广州总店派陈家第十代传人陈少泉和李家第九代传人李澄秋在香港成立分店，先后买入皇后大道中及西环卑路乍街物业，并以陈谦及李敬名义登记，取"陈谦牧堂"和"李敬慎堂"的简写，生意做得红红火火。1935年，陈李济在上海开设支店。抗日战争爆发后，陈李济通过海上丝绸之路将上海支店完好无损地迁到了新加坡，很好地发展了南洋群岛业务，造福南洋诸国人民。1942年陈李济在澳门新马路开设了支店。1948年香港支店也因时势之变而迁往澳门。同年，陈李济通过海上丝绸之路辗转到马来西亚等国开办分厂。同时他们还到台湾筹设支店。

"海丝"为媒，相知无远近，天下一家亲。至此，陈李济已形成一个跨省、跨国发展的著名医药品牌，店网遍布全球各地，顺利实现了其"胸怀天下，同心济世"的初衷。

2004年，陈李济建立了岭南地区首家中药行业博物馆——陈李济中药博物馆，将400余年历史呈现在世人面前。如今的香港陈李济药厂有限公司，位于香港柴湾利众街40号富诚工业大厦，凭借海上丝绸之路和其他各种渠道打开销路，一路前行，其药品广销北美、东南亚多国及韩国、日本等国家和地区，一路高歌猛进，业绩年年攀升。目前其主打产品有"追风苏合丸""附子理中丸""参茸卫生丸""丹婴保珀珠""琥珀抱龙丹""养心宁神丸"等数十种，其品质更是深入人心，流芳四海。

时光荏苒，岁序绵延。400多年来，陈李济生产的中成药多不胜数，人们所熟知的苏合丸、大活络丸、益母丸、宁坤丸、附子理中丸等都是蜡壳丸。据说蜡壳药丸可将药物药性保留百年而不变质，创造了药物贮藏的奇迹。这可能也是这种古老剂型历经沧桑而不被淘汰的重要原因所在。

陈李济善于经营，锐意创新，体现了一家四百年中医药老店不竭的生命力和永不停步的创作力。当时，读书人进京参加科考，精神紧张，旅途劳顿，最易得病。敏感的陈李济抓住这一良机，派人到京城去，专门在举人们下榻的旅馆、酒店，以及礼部考生参加考试的必经之处去慷慨赠药，顺带也将宣传册附送于这些读书人。受人馈赠，自然不好意思白拿，面对疗效奇佳的药品，读书人能不妙笔生花、好话说尽吗？陈李济品牌由是名声大噪，深入人心。据相关记载："当时广东士商入京，多带此丸，以代旅资，用时可以高价售出。"彼时的清廷甚至还钦定陈李济珍藏的百年旧陈皮为广东每年进奉朝廷的贡品，极大地抬升了陈李济的身价。清光绪年间,"帝师"翁同龢不吝墨宝,为之题写"陈李济"店名。如今,这熠熠发光的三个金字招牌依然闪耀着穿越时光的生命之光、灵魂之光,为世人所称道。

佛药中的佼佼者黄日庚蜡丸馆,也是一家具有300多年历史的老字号,创始于明朝天启年间。它的存在无疑给佛药形象贴了一层金。

黄日庚蜡丸馆也有一个曲折而辉煌的历程。其创始人黄日庚(1627—1692),字安奏,号恒庵,佛山顺德人,明朝天启七年(1627)生,后在古佛山镇居住。少年黄日庚居于小康之家,衣食无忧。他聪敏好学,既长则精通药理,在佛山挂牌行医。聪明勤奋如他,看到药方制成药丸更能便民利民,遂筹钱开设黄日庚蜡丸馆,边行医,边卖药。没想到这一开张,竟然开出一家三百年老店。致富之后,他经常扶危助困,不忘反哺乡邻,其乐善好施之名,在佛山古镇有口皆碑。

明亡之后,进入清初。眼光独到的黄日庚认定,无论哪朝哪代,人吃五谷杂粮,是人就会生病,生病就不可能不看病。几番筹措之后,他在黄伞铺投下巨资,建造了一座前店后厂、前铺后居的三合一大宅院,其位置正好坐落于走马路闸门楼的首间铺位,好记又好认,便民又利己。黄日庚日夕研究中医药方,先后研制出"乌金丸""追风丸""坤宁丸""理中丸"等成药,在临床上疗效极佳,尤以乌金丸最负盛名。这些极富诗意的药品,物美价廉,疗效显著,为百姓所称道。销路由是日广,在广佛地域享有盛誉。1954年"乌金丸"改名"龟鹿八珍丸"。1970年后,该药竟然遗憾失传。

都说医生治不了自己的病,这话听起来有些无厘头、不靠谱,但细究却似乎有些道理。尽管黄日庚乐善好施,品德一流,每月初一、十五茹素餐斋,年届六旬之后,更是不忍杀生,全吃素食。可惜天不假年,清康熙三十一年（1692），年仅65岁的黄日庚由于操劳过度，不幸罹病逝世，后人遵照他的遗嘱，继承了他的遗志。丧礼从简之余，子孙当然不敢忤逆他那句"日后虽身荣显贵，皆不可放弃，永为世业"的遗嘱。

俗话说得好，虎父无犬子。后辈们继续发扬黄日庚普济众生、诚实敬业精神，制药时都坚持选料上乘的原则，而精心炮制、绝不偷工减料则是他们的宗旨。后辈们勤于术业、经营有方，遂使黄日庚老字号拥有三百余年而不衰的荣耀与辉煌。

海上丝绸之路是商人们的美梦，也是他们产品出洋的首选，虽不快捷，但很便利，运输成本也低。

得益于"海丝"，至清末民初，黄日庚蜡丸馆的佛药代表性成药的销路更加顺畅，前景更加广阔，生意做到了新加坡等南洋诸国。除在广州设立代理外，他们的药品还畅销粤北、福建等全国各地。新中国成立前夕，黄日庚蜡丸馆祖铺仍在原址。1930年发展中的佛山古镇开马路时，其祖铺编为福宁路102号，直到1994年佛山旧城区改造，其祖铺才不得已全部拆除。其遗址位于现今佛山市禅城区福宁路福宁粮站，早已是物是人非。

祖铺虽已不在，遗址上的盛况也已不再，但历史老人并不糊涂，人们的记忆不会被彻底抹去。声名远播的"黄日庚"特殊文化品牌，依然还在时光深处的"劝善得神方"典故中被口口相传，成为老佛山抹不去的乡愁。

关于黄日庚蜡丸馆"恒"字缺笔，还有段"古"要讲。

据说1826年12月，道光帝令大学士和军机大臣定后嗣宗室排辈用字，选定了溥、毓、恒、启四字。"黄日庚"不经意犯"忌"了。封建旧王朝一直有个不成文规定，那就是平头百姓必须为"皇家"讳。

谁都晓得招牌就是面子，名称就是里子。老招牌岂能说改就改？硬改绝对会"伤得不轻",完全不利于"老字号"的血脉传承。煞费苦心、辛辛苦苦积数百年根基建立起来的金字"招牌"和上佳市场信誉,难免毁于一旦。

苦思冥想、不知计将安出之际,一位好心的世交给"黄日庚"主人支招:莫如将"恒"字右下方那一横涂掉,如是则既可避讳,又能勉强保留原名。知情者晓得是避讳的无奈,不知情者或可理解为风雨剥蚀所致,且年代感顿现,更妙处甚至还可以引起人们的进一步关注。此举虽说无奈,但仍有两全其美之效。

直到许多年之后,腐朽满清覆亡,"黄日庚"的"恒"字才熬到出头之日,重新添上那久违的一横,恢复昔日的"圆满"。

风雨当年无奈事,涅槃重生始善终。黄日庚勤劳致富之后,不忘积德行善、反哺街坊邻里,可谓"致富犹记衣食父母,行善不忘患病街坊"。那年月佛药恩宠下的古老佛山,当然不会忘记这个凄美故事。

说到"七厘散",想必了解佛药历史的人都会竖起大拇指啧啧称赞。其中又以"马百良七厘散"最负盛名,为海内外用户所熟知。

在满街都是佛药老字号的佛山,马百良也许不是最抢眼的,但"七厘散"的光芒一点也不逊色于其他老字号佛药。

马百良(1736—1795),原名马准衡,编著有《马百良药摄善录》,又称《贵宁堂马百良丸散目录》。该书清末由敬慎堂刻印,列有七十余种丸、丹、散、药酒及其功效,其中有些非常特别的成药甚至连坊间都闻所未闻。比如"深山正猴竭",马百良在书中指此药为母猴的月经血块,可祛瘀消积定痛,专治女性闭经、成人跌打损伤及小孩疳积等症。书中甚至对西药正金鸡纳霜也进行了介绍,足见马百良洋为中用的广博胸襟。据史料记载,清道光二年(1822),马百良在佛山富民铺朝阳街开了一间药店,研制出售各种中成药。他亲手打造的著名中成药品牌七厘散，就是在那时候创制的。

马百良学识渊博，善于总结经验，他挑灯夜战编著的《马百良药撮善录》名气颇大，书中有清代佛山文状元梁耀枢（同治十年状元）等官绅所题写的联额题词，彼时称为贵宁堂马百良。

清光绪元年（1875），马百良药房业务逐渐扩展至省城广州，在永汉北路（今北京路）开设第一间分店，即大南门内双门底。马百良过世之后，其四子马可舟继承父业，业务继续拓展，他在佛山豆豉巷另设了一间新店，以"宝炉"作商标。马可舟念旧怀亲，后将"宝炉"改为"广东马百良药房"，主营中成药各类膏、丹、丸、散、茶、油、酒等，多数成药为自己厂房生产。最受海内外用户欢迎、最为畅销的成药有：百胜珍珠散、七厘散、盐蛇散、人马平安散、参茸戒烟丸、痧气万灵丹、藿香正气丸、附桂八味丸、黎峒丸、熊胆散毒丸等。

生意越做越红火，扩大再生产就有了根基。清光绪十八年（1892），马可舟权衡再三之后，决定在广州桨栏街（今桨栏路）开设第二间分店，旨在进一步稳住在省城的根基。自清咸丰年间开办新店以来，"马百良"品牌都有一个主要标志，那就是在药铺门口竖一块通天青花云石的大招牌。这种与众不同的招牌设计，很抢人眼球，也极易辨认。

清光绪二十九年（1903），马可舟之子马仲如如法炮制，在香港上环大马路皇后大道中310号独资开办了一家分店，马百良香港创业即由此开始。

清宣统二年（1910），广东马百良药房参加南洋药业公会举办的药品展览会，送展的膏、丹、丸、散等成药皆荣获优秀产品奖及医学类的"各种药品"金牌奖。其知名产品"陈皮"则获取医学类银牌奖。载誉归来后，马仲如信心大增。为了家业绵长，他又马不停蹄于清宣统三年

(1911)在广东汕头埠镇邦街开了一家分店。有麝自然香。借助海上丝绸之路,他此后又不遗余力于民国元年(1912)在新加坡大马路开设了一家分店,复又于民国二年(1913)在暹罗(现泰国)京城聘街开设了一家分店。

机会总是留给有准备的人。有了此前的几家国外开分店经验,马仲如披着海上丝绸之路的一船星辉,先后开设了多家分店。全球星罗棋布都是马百良的良心制药、便民出品。佛药"马百良"品牌有此趋归,确实令人刮目相看。

宝剑锋从磨砺出,梅花香自苦寒来。不经一番寒彻骨,哪来梅花扑鼻香?

马仲如像蜜蜂一样辛勤,循着海上丝绸之路让"马百良"这一佛药品牌之花开遍全球。他就像一个身披铠甲的战将,为"马百良"品牌开疆拓土,赢得无数荣耀。他无愧为商界将才、奇才。

清宣统五年(1913),法律意识一向很强的马仲如为了防范被外国人侵权,索性到东印度荷兰属地之爪哇荷兰政府,将"宝炉牌"注册成商标,以期一劳永逸。民国十八年(1929),马仲如再次出手,将"宝炉牌"商标在广东进行注册,其申请人一栏赫然写着"马百良药房马仲如"。可见一以贯之的"马氏"纯正血统,更见"一脉相承"的清晰路径。民国二十年(1931),为了与"广东马百良药店"在出品上有所区别,让商品更易辨识,雷厉风行的马仲如将其私人属下的药业更名为"粤东马百良仲记药房"。

佛药马百良"七厘散"是一款名闻天下的"良心药"。它的前生今世都透露着对婴幼儿患者的深切关爱。当年马百良大医精诚,用良心制好药济苍生的美好初衷,在他及其子孙后代的传承下不断发扬光大,乃有"马百良"两百年基业不倒的佛药传奇。

说到马百良"七厘散"的由来,有一个故事特别感人。

众所周知,"七厘散"是马百良治疗小儿惊风的最佳和最常用的药物,清朝道光年间,不少婴幼儿患上惊风病后因得不到及时救治而夭折。彼时,佛山豆豉巷保滋堂所售的"珠珀保婴丹"也是治疗小儿惊风的一款良药,虽然十分畅销,但因配方药料比较贵重,因此售价不菲,捉襟见肘的普通百姓为买药有时大为犯难,甚至根本用不起。马百良见此情况,决心要做一款普通人买得起、用得放心的"良心药"投放市场。他在牛黄、麝香、珍珠、梅片等贵重中药中,添加诸多如全蝎、蝉蜕、羌活、钩藤等祛风效果良好的平价药物,药粉用乌金纸、砂纸先行包卷成如香烟头大小后,再放在蜡壳内封固,这样的包装既轻便又可长久保存不变质,适合寻常百姓"口味"。其分量只有七厘重,故取名"七厘散"。

马百良是远近闻名的大善人,他最初在店中给病者介绍"马百良"成药时就袒露出他的菩萨心肠,遇贫困者来买药,他便以半价出售,对特困者则干脆分毫不取,直接赠予。十里八乡的老百姓对此无不感恩戴德。使用过"马百良成药"的人恐怕最有发言权,他们对马百良七厘散无不交口叫好,称赞它是"疗效高、价钱公道"的"良心药"。

马百良"七厘散"药品出来两三年之后,随着百姓的好口碑而逐渐畅销起来,除在佛山古镇广受欢迎外,在广东省城广州、广西梧州等地也开始打开了销路。民国初期,马百良以粤语口语推出通俗易懂的"家有七厘散一盒,唔(不)怕小儿惊风同(和)夜哭"宣传语。此举,使"马百良七厘散"变得家喻户晓。

在佛山、岭南地区,只要说起佛药百年老店李众胜堂的"保济丸",只要曾经闹过肚子的人,肯定对其记忆尤深。李众胜堂是一家久负盛名的制药企业。这家百年老字号是李兆基于清光绪二十二年(1896)在古佛山

佛山祖庙

镇创办的药行,主打中成药产品保济丸,也生产保胜油、保和茶、金蝉散等系列中成药。

李兆基(约1876—1919)是广东新会人,清光绪初年举家迁居佛山镇文明里,先是以卖凉茶赚取微薄利润,养活一家人,凉茶铺取名"普济茶",取其实惠济苍生之意。

李兆基是个头脑灵活的药商,嗅觉非常灵敏,他对自家的凉茶配方疗效信心十足,只是凉茶难有保质期可言,也不便携带,卖来卖去,就那么百十来杯的,难以做大做强。

清光绪二十二年(1896),卖了十多年凉茶的李兆基感觉到卖凉茶终究发不了家,也致不了富,养活不了一大家子,今生肯定也难成大器。思虑再三之后,李兆基一咬牙就将自家的"普济牌"药茶改制成方便携带的中成药"保济丸"。他做梦也想不到,自己这一改,竟然改出个百年老字号来。

　　李兆基这款"保济丸"对常见病的感冒、腹痛、食滞和肠胃不适等症具有良好的疗效。且又有物美价廉、佛山仅此一家的优势，因此很快就吸引了十里八乡和邻近各县的人前来"帮衬"。就是这样一款"良心药"，使得李兆基的"李众胜堂"这个名号山鸡变凤凰，成为家喻户晓的必备药。"保济丸"随即像长了翅膀似的飞入寻常百姓家，一飞就是百载光阴，至今生猛依旧，毫无倦态。

　　随着"保济丸"口碑越来越好，李兆基觉得浑身是劲，变得更加信心满满。他瞅准市场需求的方向，决定扩大再生产。"保济丸"的产量和销量由是日增，产业越做越大越做越强，影响力也越来越大。

　　挖到第一桶金的李兆基鸟枪换炮，从此不再卖凉茶，而是改弦更张，专门制售"保济丸"等中成药丸，他要建立属于自己的"药丸王国"。于是，祖庙大街18号李众胜堂就此应运而生（旧址现尚存）。商号建立乃扬名之始。李兆基马不停蹄地奋斗，终于将"李众胜堂"这块金字招牌越擦越亮。"北有六神丸，南有保济丸"的美称绝非浪得虚名。借助海上丝绸之路，李兆基将生意做到了东南亚等国，港澳药商一个个被其名号所吸引，纷纷前来洽谈合作事宜。"李众胜堂"的成药业务迅速发展壮大，一个初具规模的佛药蓝图就此在李兆基面前铺开。遥想当年卖凉茶度日的前尘往事，李兆基能不为之心潮澎湃么？

　　中成药是个巨大市场，佛药"保济丸"的闪亮登场成功抢滩和良好业绩，让李兆基看到了李众胜堂未来的广阔前景。于是，一个继续购地、广置产业、扩大再生产的大胆计划在李兆基的脑海里酝酿成熟。为了扩大药房规模，继续推进李众胜堂在中成药领域的宏伟事业，对佛山很有感情的李兆基除原店址外，又将旧店铺附近一带地买了下来，将旧店延伸至臣总里，同时还在广州桨拦路开设了一家李众胜堂分店。

李兆基的李众胜堂祖铺建于民国初年，属传统商铺建筑，坐北向南，前楼下面是商铺，上面是李兆基家人居住的地方，后面有花园、工场，为三进三层硬山顶青砖木结构。李众胜堂祖铺是海内外药业连锁店铺的总号所在，为佛山现存传统中成药老字号保存较完整的祖铺样式。

佛山有恩于李兆基，李兆基对佛山心怀感激，发迹后的他，决定反哺佛山。看到佛山的一些穷苦百姓缺医少药，李兆基干起社会福利事业来，对于那些因病缺药的人，他送医送药施以援手，慷慨解囊雪中送炭。看到佛山街坊那些苦孩子失学严重，李兆基身体力行，坚持兴办新学，让孩子们接受教育。这是比疗救他们的身体更为重要的事情。李兆基在祖庙大街药店附近，投资兴办了一所信文启蒙义学，专门接收穷苦人家的孩子为学生。义学堂开设了两个班，每班50人左右，学童全部免费入学。对于那些赤贫人家，家人死后无力为殓者，李兆基慷慨施棺施坟地。至于修桥补路、赈灾义捐等慈善事业，李兆基更是不遗余力，倾囊以赴。

李众胜堂创始人李兆基热心社会公益事业，积极参加慈善活动的事迹，彼时常常见诸乡史镇史记载。这些善举换来社会的敬重，也无疑对其产品的美誉度加分。

1919年，李兆基罹病驾鹤仙逝后，那些受过他恩沐的佛山人，自发到李众胜堂灵堂拜祭祷告，并为老先生送行。当时情景，令人难忘。

李兆基辞世后，李众胜堂由其养子李赐豪全盘接管。李赐豪幼承家学，腹有诗书，胸有良谋，同时还是个知恩图报的大孝子、善心人。李众胜堂在他的管理之下，有了更大的发展。李赐豪接班后继承父志，同时也热心佛山社会的公益慈善事业。1932年，他为筹建佛山精武体育会慷慨捐资银毫1万元，被传为一时佳话。该会正门有一石额，镌刻着"纪念李兆基先生"字样，足见李赐豪对其养父李兆基的缅怀之情。1938年，在日本侵华战争中，佛山沦陷。无奈之下，李赐豪只好拖家带口，举家迁居香港避难。李众胜堂由此歪打正着在香港扎下根来。

李赐豪迁港后，瞅准机会，在香港择地设厂，继续经营祖传的保济丸。香港制造的"保济丸"商标一仍其旧沿用佛山始创李众胜堂。为了更好地纪念养父的恩德，他将李兆基头像注册为商标，印在包装盒上。李众胜堂药行生产的保济丸，由此逐渐成为我国华南地区和东南亚一带著名的常用药。凡卖李众胜堂的药品，必能见着李兆基慈祥的模样，受益之人透过头像，兴许能触摸到老先生慈悲为怀、济世苍生的那颗滚烫热心。

1956年国家实行公私合营，彼时李众胜堂的佛山业务已大部分转至广州，其广州分号也随时代洪流合营到广州中药三厂，其品牌名药保济丸一直未停止过生产。李众胜堂佛山部分则以老厂为大本营，联合何明性堂成药社、必得胜药厂、胜利药号、广祯祥中药厂、唐人中药厂、邹家园药厂、太和洞药厂和马伯行药厂共8间中药厂成立"公私合营李众胜联合制药厂"，一些老人回忆时还清晰记得，该药厂当时也叫"第十三基地"，主打生产销路好的"保济丸"、人丹、何明性泻丸等。

借助"海丝"的便利，1957年试制投产的银皮小粒人丹远销东南亚各国，在国际市场上直接碾压日本同类产品。1961年该厂研制的消炎片和解毒消炎膏开始投产。对于李众胜堂来说，这是一个标志性时刻，因为这是药厂用科学提取新工艺生产的第一代成药产品。从那以后，该药品逐步发展成为该厂的重要产品。1962年该厂产量最大、行销国内外的众胜牌人丹、广中牌保济丸被评为广州市一等名牌产品，可谓实至名归。李众胜联合制药厂从此华丽转身，成为以中草药提炼、生产片剂为主的主要药厂，这也是全国最早生产中成药片剂的厂家之一。

"海丝"的贡献无疑是巨大的。李众胜堂"保济丸"除畅销港澳外，在东南亚地区也一直畅销不衰。香港李众胜堂在20世纪70年代成功开拓东南亚市场后，又斥巨资宣传其生产和包装全自动化的"威水"场景。李众胜堂由此深入人心，成为东南亚家喻户晓的著名品牌。蓦然回首，那该是李众胜堂自佛山生产"保济丸"以来所达到的全盛期了。

李众胜堂"保济丸"包装盒上的李兆基头像可以作证：一部李众胜堂制药史，能折射出一个民族的兴衰史。与佛山许多经典老字号一样，李众胜堂在其发展历程中，充满了传奇色彩。创始人李兆基当年不但以研制出品"良心药"而为人所称道，其"乐善好施"的品格，也颇为李众胜堂加分。坊间关于李众胜堂神仙赐方、喜得贵子的传说一直很有趣味，而当年李老先生在自己亲手创办的"龙塘诗社"结社的优雅之举，以及其以"诗集促销"的开先河之举，更令李众胜堂"济世为怀"的终极追求得到近乎完美的诠释。

关于吕祖赐方的传说多少带点神话色彩。

话说李兆基自家乡新会迁至佛山镇一条叫文明里的白石长街上居住后，夫妻结婚多年，一直膝下无嗣，引为海棠无香之憾。有一天夜里，李兆基做了个梦，梦见有位长须老人，腰佩宝剑，手托药葫芦，笑眯眯向他走来，和颜悦色地对他说："先生生就一副好心肠，一向乐善好施，只是钱少力薄，诸事多难如愿。老夫今有药方一个，授你制成药丸出售，可了你普济众生之愿。"言罢，长老从药葫芦中拿出几粒小如珠子的药丸递给李兆基，然后神似飘风，转瞬消失无踪。

次日李兆基一觉醒来，梦中情形仍历历在目。他试着回忆药方，竟背诵如流，点滴不漏。忆起梦中老人，好像在哪见过，十分面熟。李兆基好生奇怪，便将梦中之事说给妻子听。两人思索一番后恍然大悟。那授方老人，不正是我家供奉的吕祖先师吕纯阳吗？于是，夫妻二人心下大喜，随即按吕祖所赐药方成功制出一种药丸，取名"普济丸"，并在自己的凉茶铺开始介绍、售卖。"普济丸"的药效果然灵验，凡对症用此药者，无不药到病除，且其价钱十分便宜，使用极其方便，为佛山百姓所乐用。

佛山祖庙北帝像

　　李兆基始创能医百病神药的消息一传十，十传百，很快传遍整个古镇。普济丸之名遂不胫而走。李兆基凉茶铺门庭若市，抢购者人头涌涌，生意火爆异常，所制药丸瞬间脱销。李兆基很快就淘得了第一桶金。发迹后的他在祖庙大街置了间大宅，取号"李众胜堂"，专营"普济丸"，以此为起点，他的药丸生意越做越大。

　　李兆基施善得子的故事也很有意思。

　　李众胜堂成为当时佛山成药业的佼佼者之后，李兆基夫妻发达不变色，他们仍然乐于助人、热心慈善。当时的古佛山镇四周围绕着河涌，祖庙大街是通往祖庙的唯一道路，来往行人川流不息，每逢北帝诞，四面八方的香客都到祖庙烧香拜神、求签祈福，一派熙熙攘攘热闹非凡景象。李众胜堂的门口常设一个普济茶箱，供来往行人免费喝茶。人们也都喜欢到此歇歇脚，喝碗凉茶，顺便买包普济丸以备不时之需。时如白驹过隙，随着年岁渐长，李兆基夫妇膝下无儿无女，内心更感一片空落，想想苦心经营的李众胜堂将来无人继承，李夫人不觉间就眼泪涟涟。

是年夏天，溽暑难当，李夫人突感身体不适，服药之后仍不见起色，李兆基为此焦虑万分。过不多久，夫人的肚皮居然越鼓越胀，十月怀胎，李夫人居然为李家诞下一子。老来得子，夫妇俩喜出望外，深喜偌大家业，终于后继有人，便给儿子起名"赐豪"，取天赐英豪之意。民国初年，大善人李兆基无病而终，出殡时，受过他恩沐的街坊邻里送来一副挽联："炼药丸济众生功在人间，抚树忽令忘兆伯；育英才兴义学泽留禅镇，买丝还尔傍平原。"盖棺论定的深情挽联，十分贴切地概括了李兆基的一生。倘泉下有知，李兆基这回也该含笑闭目了。

实际上，李赐豪只是李兆基抱养的儿子，一些好心人为了凸显"好人有好报"的社会伦理认知，不惜编故事为李兆基圆场，其用心良苦可见一斑。

十多年后，儿子长大成人，子承父业，并秉承了李兆基乐善好施的美德。为诫励自己不忘慈善济世的宗旨，赐豪将"普济丸"更名为"保济丸"，加倍悉心经营李众胜堂。自此，"保济丸"借助海上丝绸之路，更是远销海外，驰名寰宇。

现在，地处东华里68号的龙塘诗社，就是原为清末民初时期李众胜堂药铺的东侧后花园，2011年重新修葺后，青砖山墙气势不凡，已恢复当年模样，被列为市级文保单位。

关于李众胜堂的传说，最可圈可点的窃以为当数"诗集促销"的雅举。龙塘诗社被佛山当代作家诗人们盘活，佛山市作家协会带领佛山诗社、禅城区文联等单位曾多次在此举办禅城腊八诗会、岭南诗会，邀请国内诗坛名家叶延滨、陆健、洪烛、程维、丘树宏、雁西等诗人与会，算是赓续了李兆基当年设立诗社的血脉，传为一时佳话。

李众胜堂

　　李众胜乃腹笥丰盈之人，自幼苦读诗书长大的他，十分注重联络本地读书人。佛山人杰地灵，不少科举中榜之人，都是他的座上客。因此，李兆基组建了龙塘诗社，隔三差五呼朋唤友雅集一堂，吟诗作对，好不逍遥。李兆基深知文字的力量是巨大的，于是他干脆借助座上这些文人骚客为他的"良心药"做代言人，实现药品促销。

　　1919年，李兆基以李众胜堂的名义做东，诚邀佛山有名的诗人朋友到他的龙塘诗社端阳雅聚，席间赋诗多首，其中有些诗作就是歌颂李众胜堂的，如"李园橘井也留香，妙药争传众胜堂……茶是保和丸保济，春回中外大名驰"等句，都是李众胜堂的免费广告。悟到了诗文的力量，李兆基喜出望外。可惜就在当年，李兆基于睡梦中溘然辞世，其子李赐豪接续基业，将李众胜堂的品牌做得越发强大。他依样画葫芦，平日里，他总找些由头，以雅集之名举行各种"校诗之会"，将雅集时诗友们所作的诗词歌赋、对联佳句汇编成诗集印发，同时他还在更大的范围内征集关于李众胜堂的诗联进行结集出版，并在诗集封底印上"凡购买药品三元即获赠送"字样。这可能是中国最早的诗集广告了。文人墨客的

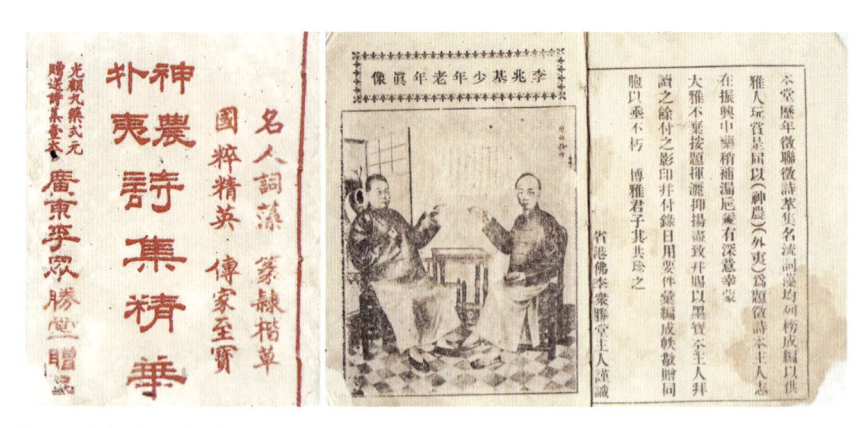

《神农外夷诗集精华》

作用顿时显现出来,药以诗贵,诗以药名,二者相得益彰,被赋予不菲的价值。

李众胜堂自家于1925年印行的《神农外夷诗集精华》和1927年印行的《诗赋精华合璧》,对其中的六场诗会留下了文字记载,六场诗会的"联首"分别为"药储酒楼防客醉""丸味请研真与伪""丸油解醉蒙骚赏""药送远轮期济众""众胜保济"和"众歌药妙宜兴土"。

应对者不乏来自广州、香港、佛山和安南(越南)等地的文人墨客,李众胜堂花钱延请文坛名宿予以评阅,列东榜、西榜公布优秀名次。其中,李众胜堂1922年以"神农外夷"命题征诗,颇有些抵制西医西药的意味。龙塘诗社主人吴荃选评论说:"众胜堂主人李兆基先生,爱国人士也。慨夫西药充斥,国粹沦亡,不发明中药不足以言保种,不提倡土货不足以塞漏卮。爰以'神农、外夷'四字命题征诗,具有深意。"其征集要求实际上是要以"神农"作为主题赞美中医中药,以外夷为题写出对西医西药的不满。比如新会诗人麦园伍入选诗集精华的"外夷"诗云:"中华起痼有传人,何必西医技乃神。半是异心思猾夏,几曾着手便成春。金钱耗尽偏添累，刀锯形余说甚仁……"当时有个叫陈子牧的诗人，他所题的"神农"诗是这样写的："教民耕植形憔悴，救我疮痍脱毒痛。火德递兴中夏福，代传粮药适时需。"其褒中贬西的鲜明立场，是该次征诗宗旨的鲜活写照、真实反映。

当时中国民族工业受到打压，西医大行其道，西药趁机倾销我国。在此情况下，李众胜堂以中华诗词优秀传统文化为配合，唤起国民警醒，抒发民族情感，褒扬中医中药，以此文雅之举促进李众胜堂的中药销售，不失为一着妙棋。而包括佛山诗人在内的诗人们的诗词传统精华和魅力，一定程度上为李众胜堂"与诗结缘"的这一雅举平添了几许浪漫。龙塘诗社的辅助作用可谓功不可没。

群星闪耀杏林榜

陈昭遇堪铭后世

宋代御医陈昭遇是佛山南海人,生卒年不详,一部《太平圣惠方》令他流芳千古。翻看《宋史》,其事迹杂见于"刘翰传"和"王怀隐传"中。康熙《南海县志》载:"陈昭遇,南海人,世为名医。昭遇尤著。开宝初,至京师,所知者荐拔授翰林医官,遂留家开封。初为医官,领温水主簿,后加光禄寺丞,赐金紫。"

唐末宋初,军阀割据,长期镇守岭南多年的刘氏家族趁乱,割据成立南汉国。赵匡胤建宋后对南方实施军事统一行动。宋开宝三年(公元970),南汉王刘鋹败亡,陈昭遇就是那时随行北上"归朝"并"留家开封"的。宋初,陈昭遇被封为温水主簿、光禄寺丞。这些封赐,只是享受待遇的级别而已,并非实职。《宋朝事实类苑》曾记载陈昭遇的自述说:"初来都下,持药囊抵军垒中,日阅数百人,其风劳冷气之候,皆默识之,然后视其长幼虚实,按古方用汤剂,鲜不愈者。"为军士治病有神效,这或许就是他得到赏识提拔的原因所在。

康熙《南海县志》载:"昭遇于医术无所不究,著述皆精博可传。往来公卿视病，对证多奇验。性又谦慎，以此被眷宠不衰。"可见陈昭遇颇得皇帝公卿们的赏识。他后来被任命参与《太平圣惠方》与《开宝本草》的编撰，自然就在情理之中。

陈昭遇因编修宋代医药巨著《太平圣惠方》而被历代铭记，该书最堪骄傲之处莫过于由宋太宗亲自下令编修并作序。宋太宗赵光义是北宋第二位皇帝。他未登皇位时就喜欢收集名医验方。即位后即要求翰林医官们献出有效验方，共收集到中药方剂一万多个。据史载，为了将其公之于世，宋太宗命翰林医官院使王怀隐、副使王佑、郑奇和医官陈昭遇负责编纂此书。

宋太宗在序言中明确要求将一万多个验方与疾病对应起来，使读者既能了解如何辨证，又能从中选方治疗。这自然是当朝的浩大医学工程。幸亏隋代太医巢元方此前编有《诸病源候论》一书，将临床证候列举得非常详尽，只不过该书有论述而欠药方。于是陈昭遇等以《诸病源候论》为基础，将验方归到各个证候中，最终编成100卷，分1679门，共有方剂16834首，卷一为脉诊，卷二为用药法则，卷三以后按类论述各科病症的源候和方药。

《太平圣惠方》全书正式编成于宋淳化三年（公元992）。宋太宗明确要求必须"雕刻印版，遍施华夷"。100卷的《太平圣惠方》，全部雕版印行。为了让这一巨著泽及全国，宋太宗下旨向全国各州府下发一套，并促成各州府聘"医博士"一人，专门掌管此书，由"医博士"专门向地方医生讲解。在北宋太医局的医学考试中，部分考题规定必须从该书中出题，因此，《太平圣惠方》成为国家统一教材。其流播之广，可想而知。

古代丝绸之路为《太平圣惠方》的传播作出了很大贡献，该书还曾被赐给高丽，流传到了国外。

由于《太平圣惠方》篇幅庞大，后世也很少翻刻。目前记载仅见北宋

佛山城门头夜景

和南宋时有刻本，现均已散佚。目前仍在流传的，只有国内以及日本的多种抄本，只能基本反映原书全貌而已。

新中国成立后，该书得到了重新整理和出版。陈昭遇的心血，至今仍然给中医药研究与临床服务提供着源源不断的养分。

此外，陈昭遇还参编了《开宝新详定本草》，共收载药物983种，于开宝六年（973）成书。开宝七年（974），宋太祖复诏陈昭遇、马志等进行重订，成书后定名为《开宝重订本草》，共20卷，加目录一卷，分为玉石、草、本、禽兽、虫鱼、果、菜、米、有名无用等九类。书成后，雕版印行，成为我国第一部雕版印刷的官颁本草，具有很高的学术价值和历史意义。惜该版现已散佚。

物是人非，陈昭遇的卓越贡献当铭万世。

何梦瑶《医碥》流芳

何梦瑶，字报之，号西池，清初南海云津堡（今佛山南海西樵崇北沙村）人。何梦瑶自幼聪颖，天资过人，博涉文史、音律、算术、历法。由于年少时体弱多病，故日夕专研医药而精于医道。

何梦瑶与南海劳考兴，顺德吴世忠、罗天尺、苏珥、陈世和、陈海六及番禺吴秋等并称"惠门八子"。其师惠士奇评价何梦瑶，"何生文行并优，吾所素悉"，并赞誉何梦瑶为"南海明珠"。清著名文学家袁枚在《随园诗话》中引录了他的事迹和诗句说："苏州惠天牧先生，督学广东，训士子以实学；一时英俊，多在门墙……何梦瑶赋云：'看月谁人得月多，湾船齐唱浪花歌。花田一片光如雪，照见卖花人过河。'公喜，延入幕中。"何梦瑶名声之大可见一斑。

1729年，何梦瑶登进士榜，历官广西义宁、阳朔、岑溪、思恩等地县宰，奉天辽阳州牧。他为官清廉，关心民瘼，1750年宦归后悬壶济世，连任广东三大书院山长，过着自给自足的生活。

何梦瑶于医学一途成就颇高，述作颇丰，著有《医碥》七卷、《人子须知》四卷、《三科辑要》两卷、《伤寒论近言》《医方全书》《皇极经世易知》八卷、《算迪》八卷、《庚和录》二卷、《匊芳园诗钞》八卷、《岑溪县志》四卷、《肇庆府志》。前五部为医学著作，其中《医碥》是反映何梦瑶医学思想的代表作。

何梦瑶宗明朝医家王肯堂，他对王肯堂艰涩难懂的《证治准绳》作了普及性的解读，并凝练学术观点著成《医碥》七卷。除《医碥》外，何梦瑶还精通中医理论、外感热病与传染病、内科杂病、妇科儿科及方剂药物等，他是佛山杏林名医，对岭南医学发展贡献巨大。《清代粤人传》盛赞其为"国朝二百年来，粤人论撰之富，博极群书，精通艺术未有逾梦瑶者"。

当时医界温补学派盛行，何梦瑶则认为，时医滥用温补，致生流弊，故在书中针砭时医，补偏救弊，极言反对滥用温补。他说岭南气候炎热潮湿，温燥之药不宜滥用。他重视火热证治，指出火有数种，一是综述元代医家朱丹溪之论，认为气有余便是火，此为实火；二是发挥金代医家李东垣"阳虚发热"之机理，指出"气不足亦郁而成火"；其他还有"外感风寒湿气闭郁表气成热""内伤饮食生冷之物致火被遏愈怒"等情况，全面阐释了临床火热证的多样性。他的论述在江南名医王学权的《重庆堂随笔》中有很高评介："人之火病独多者，以风寒燥湿悉能化火，五志过动无不生火，何报之先生论之甚详。"

《医碥》之所以为当时医界所重，还体现在何梦瑶不盲从古代经典的创新精神上。他不迷信古人，注重考据，甚至对于《黄帝内经》中的个别言论，何梦瑶也大胆质证其讹误之处。《灵枢》中说，人呼吸则气行六寸，一日夜行八百一十丈，计一万三千五百息。何梦瑶不然此说："按此伪说也，人一日夜岂止一万三千五百息哉？"江南名医陆以湉认同何梦瑶观点说："余尝静坐数息，以时辰表验之，每刻约二百四十息，一日夜百刻，当有二万四千息，虽人之息长短不同，而相去不甚远，必不止一万三千五百息，然则何氏之说为不虚，而《经》所云未足据矣！尽信书不如无书，此之谓也。"他评价《医碥》"书中时出创解，颇有神于医学。"对何梦瑶崇古尊经不泥古的做法，颇为佩服。

朱沛文汇通中西

朱沛文（生卒年不详），字少廉、绍溪，广东南海人。现存有光绪十九年（1893）佛山首刻本《华洋脏象约纂》四卷，后被章炳麟录入光绪二十三年（1897）宏文阁石印本《医学大成》时，更名为《中西脏腑图象合纂》。

秀才出身的朱沛文在众兄弟中排行第八，据其兄朱碧文《华洋脏象约纂》书前《引言》介绍，朱家原是轩岐世家，朱沛文父亲临证六十年，数十里内人以华佗奉之。但父亲过世后，朱氏兄弟"嗜古成癖，不解治生"，生活立见困顿。朱沛文胸怀大志，却不解世务，好读书，每坦卧吟哦，经常遭人白眼却无所顾忌。1887年，他在广东首次录取医学经古时得学政汪柳门取录，为当时所录医学经古两人之一。后几经曲折，朱沛文继承家传，以医为业。

《华洋脏象约纂》竣稿之后，获得诸多好评，但由于家贫，无力刻印。后幸得梁黄初、袁槐卿二友相助，方得如愿。朱沛文生于清末，对中西医学结合有较新认识。这一著作被视为"睁眼看世界"的代表作。

《华洋脏象约纂》"杂汇华洋脏腑官骸体用异同之说，采其浅而易明、简而有要者，笔而成帙"。"华"指中医，"洋"指西医，"脏腑官骸"指人体结构，中医谓之"脏象"，西医则属于解剖生理学。《华洋脏象约纂》主要围绕中西医问题展开。

朱沛文对两种医学的特性都有较深入的了解。通过汇集中西理论，他认为中西医学各有所长，应该"即华洋诸医之说合而参之"，其实质是有相通之处的。以胆功能为例，西医指出胆贮胆汁，有助消化，中医经典对此却不甚明了。他认为西医说法有道理，还能帮助理解和印证《黄帝内经》的经文。又如中医认为"心主神明"，西医解剖生理则证实人的思维意识是由大脑掌管的。

那么中医的说法应不应放弃？在这个问题上，朱沛文提出一种有价值的认识方法，即医学是实证科学，实证不等于解剖，还要看临床应用。

对于这一问题，朱沛文认为："心所生者谓血，心所藏者为神，华义甚确。惟洋但以心主行血，而一切知觉运动，其功皆属之脑。故一切血病，华洋皆知治心；其一切神病，洋但知治脑。岂知心为藏神之舍，脑为运神之机，缘脑由肾所生，心与肾有表里交通之义，病则相连。故凡神病者，心肾兼疗为允。"他指出中医理论不是单纯看某一个脏腑器官，往往是结合多个脏腑的关联性来综合治疗的，是为长处；再者中医理论对神志方面的疾病，虽没提到治脑，但提及治心或治肾，其实也是通过改善血液供应对大脑产生作用的，二者有异曲同工之妙。所以，他认为不能光看到中医说"心主神明"就认为不准确，而要看到中医这一理论指导下用药治疗实际疗效。他提出对待中西医理论的总原则是"各有是非，不能偏主。有宜从华者，有宜从洋者。"可见朱沛文的见解，比同时代的医者确要高出一筹。

朱沛文被列为近代"中西汇通四大家"之一，是一位学术造诣极高的医学家。他提出了中西医应"通其可通，并存互异"的观点，注重理据，立论公允，对当时的中西医汇通及后来的中西医结合研究都有指导作用。

喜读邱熺《引痘略》

邱熺（1774—1851），字浩川，佛山南海人。科场失意的邱熺早年到澳门谋生，被东印度公司聘为买办。牛痘接种术传入中国之际，邱熺出洋学习种痘，最终成为牛痘在中国传播的先驱。

牛痘是预防烈性传染病天花的一种技术，是18世纪末英国医生贞纳在中国人痘接种术的基础上改良形成的。而天花则是一种滤过性病毒引起的烈性传染病，得病后浑身出痘疮，容易出现并发症，该病在古代的死亡率极高,侥幸存活者容易留下永久性的疤痕。我国古代典籍上,最早关于天花的记载,见于当年曾在佛山丹灶炼丹的晋代葛洪的著作《肘后备急方》,而后历代都有天花的记载。大家熟知的清顺治帝就是患天花病早崩的,以至于清初选太子时,曾要求必须在出过天花的皇子中选择。

天花有一个特点,即患过此病的人血液中会永久有对天花病毒的抗体,终生不再得此病。在古代中国,人们并没有什么病毒、抗体的概念,但却在长期观察中发现了这种免疫现象。被动得病是一种无奈,古代医家因此发明了人痘接种法。

人痘接种法是用人工的办法让健康人接触少量天花病毒,这样既不至于严重发病危害生命,又能刺激身体产生抗体,达到永久免疫的效果。天花病毒存在于患病者身上的痘浆中,人痘接种法就是利用这一点进行接种的。根据清《医宗金鉴》的记载,主要有痘衣法、痘浆法、旱苗法、水苗法四种种痘方法。到16世纪下半叶,用人痘接种术预防天花已在我国民间广为流传。

丝绸之路为医学"走出去""请进来"提供了便利。

1688年,俄国医生来华学习种痘,回国后进行推广。后来这种方法又通过"丝绸之路"传入英国、土耳其等国。直到后来贞纳发明牛痘接种术之前,人痘接种术一直流布甚广。牛痘接种毒性比人痘低,效果更稳定。这种技术在西方推广后,不久就由商人通过丝绸之路传至中国。不过,此次传种未能成功延续下去。据清道光《南海县志》卷44载:"牛痘之方,英吉利蕃商哆琳哎,于嘉庆十年携至粤东……时洋行商人刊《种痘奇书》一卷,募人习之。同时习者四人:梁辉、邱熺、张尧、谭国,而粤人未大信,其种逐失传。迄十五年,蕃商剌佛由小吕宋载十小儿传其种至,洋行商人伍敦元、潘有度、卢观恒,合捐数千金于洋行会馆,属邱、谭两人传种之。"

虽有洋行商人捐资支持，但杯水车薪，难以支撑长期接种出现的亏损。光绪《广州府志》载："至道光壬寅，经费为当事者亏折，伍方伯崇曜遂独力支拄者十年……盖盛夏隆冬，人尽爱怜儿女，屏迹不来，必多择窭人子之壮且少者，反卑以金，递种以留其浆。又虞其传染疯疾，当事者或未之知，必雇疯院人届期诣局验看，不然贻祸，转有难言者。故经费均不可缺。"

就这样，由"丝绸之路"第二次传来的牛痘，在洋行商人的持续支持下，"当事者"才能专心从事接种，使其成功传播。这"当事者"中就包括早期一起学习种痘的四个人。不过后来，梁辉返回黄埔，张尧回归翠微，邱、谭两人"遂擅其技"，邱熺、谭国二人中，又以邱熺为主。

邱熺著作中记载："嘉庆十年（1805）四月，由小吕宋（菲律宾）舟载婴儿，递传其种（注：指牛痘苗），以至澳门。予时操业在澳，闻其事不劳而有效甚大也。适予未出天花，身试果验。泊行之家人戚友，亦无不验者。"

邱熺从事种痘事业近半个世纪，其《引痘略》在全国各地出版，成为研究牛痘接种术传播过程的重要资料。从各地出版的《引痘略》序言可知，牛痘接种术先由广东乳源人廖凤池传入邻省湖南，后由曾望颜传入京师、颜叙功传入福建、包祥麟传入苏皖、刘子方传入江西、陈北崖传入四川等。日本的种痘术也是从中国传入。

邱熺神技声名远播，连当时朝廷各色权贵如曾国藩之弟曾国荃、两广总督阮元等均有意延请其入署施种。曾国荃曾赠匾"勿药有喜"；阮元在邱熺为其裔孙种痘之后题诗赠邱："阿芙蓉毒流中国，力禁犹愁禁未全，若把此丹传各省，稍将儿寿补人年。"足见邱熺当时受欢迎程度。

邱熺于咸丰元年（1851）去世，享年77岁。其子邱昶传其衣钵，并颇得官府力撑，光绪版《广州府志》有载："至同治壬戌，制府劳文毅公崇光札谕惠民济义仓，岁拨银约百五十两，仍俾当事者后人分董之，以永其传。"

"温学"首推陈任枚

陈任枚（1870—1945），南海狮山人，广东近代温病学家，中医学教育家。

1924年广东中医药专门学校创立，陈任枚被首任校长卢乃潼聘为该校教员及赠医处主席之一。对于温病学这一新兴学派，陈任枚在出任广东中医药专门学校校长后，即将其列入教学课程之中。1929年陈任枚与刘赤选合编《广东中医药专门学校温病学讲义》，陈任枚负责上篇总论部分，刘赤选负责下篇各论部分，对温病学的意义、历史、性质与传变都做了充分论述。该书被公认为当时该校各科讲义编纂质量最佳者。

陈任枚对广东中医事业的贡献，主要体现在他继承了卢乃潼校长遗志，砥柱中流，领导学校度过恶劣环境。

1929年2月，国民党政府中央卫生部行政会议议决废止中医药案，引起3月17日全国中医风潮爆发，陈任枚对国民政府此举表示极大愤慨，毅然率领广东代表前往上海，参加全国医药团体联合总会向国民党政府请愿。同年5月18日伪教育部令中医学校改称传习所，他又参加全国中医学校统一教材编写会议并任主席。

由于全国中医药界的抗争，国民党政府被迫让步，于1931年3月在南京成立中央国医馆，陈任枚偕同梁翰芬、梁慕周、冯瑞鎏、卢朋著、谢香浦、卢宗强、管炎威、潘茂林、方公溥、陈道恒等11人出席这次大会并任常年理事。陈任枚校长不负省港药业界及广东中医药专门学校师生期望，带领学校日趋兴盛，学生人数最多时有五百余。1933年建成广东中医院，成为国内最大有留医部的中医医院。

陈任枚归纳温病诊脉主要分为四种情况：一是常脉，因为温邪内伏，患者脉象通常是躁脉；二是变脉，脉象偏离常脉，可以出现多种变化，意味着病情变化，陈任枚认为主要还是要结合症状来判断；三是险脉，脉象出现弦硬、沉涩等，结合症状，意味病情转危重；四为败脉，脉象躁动加剧又不出汗，或者有其他情况，则提示患者已到达危险难救的地步。他指出，传染病发病时，情况往往比较复杂，这在中医来说，不仅感受温邪，可能也兼夹各种病邪。

他综合前人论述，整理出九种兼夹证，分别是兼寒、兼风、兼暑、兼湿、兼燥、夹痰水、夹食滞、夹气郁、夹血瘀，使得中医界对温病发病的认识更加全面。在分析中他也注重南方地理环境的影响，如对兼湿，他指出："东南濒海之区，土地低洼，雨露时降，至春夏二令，赤帝司权，热力蒸动水湿，其潮气上腾，则空气中常含多量之水蒸气。人在其间，吸入为病，即成湿热、湿温，又曰暑湿，此即外感温热兼湿之谓也。"

陈任枚善于采纳众家，旁征博引，对温病的认识既全面又系统，其学术贡献令人钦佩。

疮痘无奈萧郎何

萧步丹（生卒年不详），佛山南海人，出身医学世家。其祖父萧绍端为清代南海名医，著有《妇科微旨》一书。其父萧巽平，数十年采摘生草药为人治病，积累了丰富的生草药使用经验。

萧步丹师从祖父、父亲，擅长治疗疮疡痘疹，对生草药的采集非常广泛，遍及两广地带，经历十余年，搜集整理两粤出产之岭南草药，他一边为百姓治病，一边研究广东地产生草药，汲取民间经验，诊余致力于生草药的采集。

萧步丹学术贡献主要在于其历时十余年编撰的《岭南采药录》。他努力搜集整理岭南草药，编写过程中，继承了清代何克谏的学术思想，对何氏《生草药性备要》给予较高的评价，但也对该书的阙略舛误加以纠正，并在该书基础上，新增罗汉果、山百合、水翁花、凤眼果等药物近300种。该书于民国二十一年（1932）正式刊行，书中共整理记载482种岭南草药。民国二十五年（1936），该书再版时药味增至576种。时至今日，在华南从事植物分类学和中草药研究的人，皆以《岭南采药录》为考证药用植物名称和功用的重要文献。

《岭南采药录》的特殊贡献大致可归纳为四大点：一是所载草药多主产于岭南两广地带，所录仅限于草木类。书中药物有简洁翔实的药名、别名、产地、植物形态、药用部位、性味主治、用法用量等内容描述。二是详于中草药的形态描述。当时西方药学和植物学理论已经进入中国，萧步丹的著作与现代植物学描述极为接近，既可防止后人采使时出现偏差，又为草药鉴定提供了可靠依据。三是详尽记载药物功效、用法，不乏食疗之方，实用价值极高。四是编写体例。他在分类药物时破天荒采用了"平、上、去、入"四声相从来进行。

该书学术价值和实用价值很高，彰显了他高深的国学功底。其药膳食疗方为推动岭南地区中医药食疗文化发挥了积极作用，至今仍是广东各大酒家食肆及寻常百姓常用的"妙方"。其凉茶应用方更是有效推动了广东凉茶文化的发展。

广海非海爱如海

李广海（1894—1972），字澄波，佛山栅下茶基人，生于中医世家，继承家学，成为广东省著名骨伤科专家，一代骨伤科圣手。

李广海16岁随父亲临症习医，边读书，边实践。父逝后，李广海继承父业，在栅下沙涌坊继续行医，并在"平恕堂"的基础上，扩大经营跌打成药，建成了"李广海跌打医馆"。其后医馆迁往福庆里（今大福路）等处。

佛山是个手工业城镇，当时的手工业作坊超过4000户，手作工人伤筋、折骨、烧伤、砸伤的特别多。加上佛山武术风气浓厚，练武之人也常有跌打筋伤之患，因此慕名求医者众。

抗战时期佛山常遭日寇轰炸，不少伤患前来求医。对此，李广海总是仁心仁术，施药赠医。彼时佛山民间武馆鸿胜馆的主持人吴勤率200多鸿胜弟子组成抗日游击队，后接受中国共产党领导，合并成"广游二支队"，转战于南、番、顺一带，有力打击了日寇的嚣张气焰，成为广东主要的地方武装队伍之一。

从1939年起，李广海便秘密收治广游二支队病员。为支持抗战，力保抗日战士安全，李广海还专门在市郊找房子安置他们，有时甚至冒着生命危险亲自上门诊治。珠江纵队领导人之一郑少康经常介绍伤员前来诊治，李广海来者不拒，全都免费提供食宿，免费医治，在枪林弹雨中以满腔热情和实际行动支持地下抗战活动，展现了大医精诚的爱国情怀。

1945年抗战胜利后，李广海与陈典周、何炳楠、邓丽程、邝楚枢等成立南海县中医师公会。1946年，在大福路开设新医馆"杏林馆"。1947年，李广海与何炳楠、钟伯石、陈典周、黄伟堂、吴满福、吴采南、温玉书等一批佛山名老中医组成"灵兰医学研究社"，为挖掘、总结、发展祖国中医中药作出了切实贡献。而后十一载，李广海将自己所创成药"李广海跌打丸"药方，无偿献给当时的佛山联合制药厂进行批量生产，让更多人受益。

李广海强调内外治法的辨证施治，因人而施。对于"伤瘀"，主张早期先"大破"，后期则以温补和血。对体质虚弱的伤者，则主张"攻补兼施"，并区分寒热火伤，分期诊治：早期以清热解毒法祛邪解毒，中期用清热育阴法以祛余毒，并育耗散之津，后期用育阴增液，固本培元。外敷则用自创加丹白药膏，疗效显著。对枪炮弹伤的治疗，或用手术取弹，或用药捻导引，或用丝线缝合伤口，或用拔毒生肌膏外敷，辨证施治。抗战时期，这种方法治愈了很多被炮火枪伤的病人。当时广东著名粤剧演员何非凡受枪伤破腹及前臂开放性骨折，李广海采用上述方法为他医治，令他在很短的时间内重返舞台，且声艺未减，一时传为佳话。

致力于中医学研究的李广海，1962年编著了《中医正骨学》，系统阐述了骨折脱位的论断和治疗，介绍了自己多年行医经验，给后人留下了宝贵的医学遗产。他创制的"李广海跌打药膏""李广海跌打丸"等成药，行销国内，还通过海上丝绸之路，远销东南亚一带，成为佛山传统名药之一。

李广海热心公益，他既是一位出色的骨科医生，又是一位出色的武术家。他本着"行医、办学、救国"的宗旨，于1946年在栅下自筹资金创办"栅溪民校"，学校以教习中文为主，同时也聘请一些拳师教习国术。他以父亲的名字为贫困孩童开办了"才干小学"，让无钱读书的小孩免费上学。栅溪民校随着办学规模的扩大和校园扩展，新中国成立后校址迁至普君墟金鱼塘，后改称佛山市第九小学。为了让广大民众增长知识，提高文化素质，他还出资在普君创立了"广博图书馆"。

李广海以崇高的品德、精湛的医术声闻海内外。作为岭南一代骨科名医，李广海赢得了人民的赞许。

FOSHAN
THE BIOGRAPHY

佛山传

尚武精神世代传

第七章

历史霞光中的南拳北腿

中国武术按地域可以分为两大类，一是以擅长"拳法"著称的南方武术门派，简称"南拳"；二是以擅长使用"脚法"著称的北方武术门派，简称"北腿"，因此便有"南拳北腿"之说。二者都源自中华武术，是中华武术不可或缺的组成部分。中华武术伴随着地域的区别，逐渐分化为不同的武术种类和武术门派。

武术是中华民族优秀文化的重要组成部分。中华武术精神蕴含着老子"天人合一"的哲学思想。在很长的一段历史时期，武术都被尊称为"国术"。习武之人一直都有一种认识，那就是人的身体分头、身、腿三部分，可称为天、地、人三盘。上盘负责吸收天然空气，下盘择取地理灵气，中盘保存人的初元之气，天地人合而为一，由此一气贯通。事实上，人立于天地之间，一呼一吸无不与天地相连；一动一静，也无不与天地相合。中华武学思想之博大，由此可以窥一斑而见全豹。

佛山自古以来就是岭南巨镇，佛山南拳汇集了不下六十个拳种，其中以"洪、刘、蔡、李、莫"五大门派的影响最巨。洪拳的特点是沉桥短马，稳扎稳打；咏春拳的特点是短桥窄马，寸劲短打；蔡李佛拳的特点是长桥大马，手到马到；龙形拳的特点是迫步百解，以守为攻；白眉拳的特点是攻防合一，立虎为形。这五种代表性拳法在佛山长盛不衰，一直都拥有良好口碑和大量拥趸。

事实上，南方很多著名的拳法虽然大多不起源于佛山，但大多都是传入佛山之后，从佛山开始兴起的。佛山拳法源远流长，从古及今，佛山武术各门派通过海上丝绸之路等传播途径走向世界。比如蔡李佛、洪拳、咏春拳、白眉拳、龙形拳等，这些拳种都代表了我国南派武术的高峰。其中，洪拳更是我国拳法中最厉害的一种。而近年来咏春拳随着叶问题材影视片的热播，也吸粉无数，已然深入普罗大众心中。

说到佛山武术发展史，必然不能与佛山历史割裂。

据考证，5000多年前，古越族先民部落在珠三角一带繁衍生息，佛山自然也是其中的一个聚落。先人们为了生存，在与大自然日复一日的斗争中，逐渐懂得了使用工具，并学会了制造石刀、石凿、石斧、石锥、骨叉、骨锥等一些简陋的工具。对这些简单工具的使用，彰显了佛山原始先民的智慧。

岭南地处南疆边陲，地形复杂，由于开发较晚，加之常年潮湿多雨，毒蛇猛兽横行，环境相当恶劣。岭南山高皇帝远，先民偏居一隅，生存环境使他们养成了好勇斗狠、敢于冒险、不屈不挠的性格特征和精神特质，因此民风向来彪悍。

古佛山是岭南的一部分，也属蛮荒之地。先民们要想获得食物，得费九牛二虎之力。他们想要猎取行禽走兽，就得借助骨箭镞、木棍、石块等简单的工具器械。也就是在器械交锋和徒手搏击的过程中，佛山先民逐步形成了拳打脚踢、闪展腾挪和使用简单工具"器械"的技能。先民们受此启发，孕育了佛山武术最初的雏形，并逐渐展露出佛山文明史上最早的一缕曙光。

春秋战国时期，两广地区为西瓯和雒越两个百越族支系的生息地，彼

李小龙故居

时岭南先民在与凶猛的野兽和恶劣环境的斗争中得到启示，猎取食物的搏击之技遂以生存之道的形式无意中为原始武术打下坚实基础。彼时的佛山先民在追猎猛禽走兽过程中，为了自身免遭伤害，自发地发展出躲闪防身之技，这就是原始武术最初的雏形。一俟这种原始武术动作上等级、上档次，具有一定水平，并在社会中得到普及的时候，也就象征着人类自卫和猎杀性质的武术开始萌芽了。

受越城、都庞、萌渚、骑田、大庾等五岭和茫茫南海的重重阻隔，岭南相对闭塞，素有"南蛮之地"的贬称。如此恶劣的人居环境，人们要想生存下来就必须同大自然作斗争。

战天斗地，确实不易。所以岭南素来是官宦贬谪、军人流放和逃避战乱之地。历史上遭贬岭南的人不计其数，尤以宋代为多。据史料记载，两宋被贬谪的各级官员中，有名有姓的就有491人，其中又以文坛名家的遭贬最让人印象深刻。比如唐代的韩愈、柳宗元、刘禹锡、白居易、王昌龄等，又比如宋代的苏轼、苏辙、欧阳修以及朝中宰相寇准、蔡确、张惇、梁焘、刘挚、吕大防、丁谓等，他们被贬岭南的宦游期间，留下了许多脍炙人口的诗文名篇。这既是他们对不公命运的宣泄出口，事实上也是他们无意中反哺岭南的历史留存。这些可贵文字的存在，使得偏僻蛮荒的岭南文化有了更为确凿的各种文字记载，也为后人考证岭南历史留下了不可多得的宝贵财富。

而在一批批被贬岭南的人群中，当然也不乏一些身怀绝技的武林高手和叱咤风云的沙场悍将，他们遭贬流放岭南后，为了生存，其中有些人不得已展开各种可能的营生，比如开馆授徒苟图衣食就是一个选择。岭南特殊的人文历史、地理环境和风俗习惯，也为佛山"尚武"创造了良好的外部环境。

据考古发现，古代佛山最早的佩剑之人出现在西汉时期。当时随着冶铸业的不断发展，刀的出现及其在战场上的上佳表现，让剑自觉回归鞘中，甚至悄然退出沙场。然而在民间，剑却得到更大的发展。贵族或文人雅士都喜欢佩剑出行，这在历朝历代诗词歌赋中均有呈现。佩剑既显现士大夫身份有别于普通百姓，也展示一种庄重的仪式感。及至东汉时，佛山先民已较为娴熟地掌握了相对先进的农耕技术，加之后来佛山冶铸业的萌芽和发展，这就为佛山成为"鱼米之乡"提供了先决条件。

唐宋时，中国武术迅速发展，并逐步走向成熟。文人雅士时时处处都喜欢表现得与众不同，他们或腰间佩剑，或肩上负剑，或背后挂剑游走四方几乎成为标配。事实上，这种打扮在全唐诗、全宋词中屡见不鲜。比如唐朝诗人李白就有仗剑走天涯的雅好，他还为此写过不少与剑有关的诗句。比如他写的《古风》诗中就有"秦皇扫六合，虎视何雄哉。飞剑决浮云，诸侯尽西来……"之句。可谓气势雄拔，剑气纵横，霸气赫赫。

南宋诗人辛弃疾在其《破阵子·为陈同甫赋壮词以寄之》中就有"梦里挑灯看剑，梦回吹角连营……"之句，肃杀剑气扑面而来，给人一种战地苍凉之感。南宋末年，战事频仍，为避战乱，不少人颠沛流离，不得已走上拖家带口的南迁之路。来自中原的武术与百越武术得以交融发展。彼时的古佛山也慢慢从一个渔村圩市逐渐变成一个手工业、工商业初步发展的岭南城镇。

得益于海上丝绸之路的加持，明清时期的佛山镇海外贸易已得以繁荣发展，其中，冶铁业、制陶业、中成药业、纺织业等极富佛山地方特色的手工商业和产业经济得天时地利人和之便而日趋发达，古佛山镇的经济发展步伐由此加快。据史料记载，彼时佛山的铁镬、犁耙等日用器具、农具和铁钟、佛像等工艺品，各种铁炮、大铳、流弹等兵器的生产与出口，都是佛山工匠与商民的拿手好戏。远的不说，举目可见的东莞虎门清代大炮、佛山祖庙的各种大鼎、祖庙博物馆"褒宠"牌坊前的清代铁炮等杠杠的"大家伙"，都是如假包换的"佛山造"。

心灵手巧的佛山工匠极具工匠精神，他们技高一筹，无所不能，做出来的手工艺品非常精致，怎一个美字了得？每个门类的手工艺品不论是出口还是内销都颇为抢手。

冷兵器和热兵器的生产为明清两代和近现代海内外的各种军事对抗、地方势力抗争提供了必要的支持，而使用这些冷兵器热兵器的军人，要想自己"有料"，必须冬练三九、夏练三伏，长期坚持各种技能的训练，才能练就一身好武艺。这就为佛山武术的发展顺势打开了一扇大门。而一些拔尖的武术人才、拳法大师的诞生，正好为佛山武术找到了代言人。他们的存在，确实为佛山武术通过"海丝"等各种渠道"走出去"提供了最为可靠的依据。

经济繁荣、商贾云集的佛山"乡之成聚，相传肇于汴宋"。北宋初年，朝廷在广州设置市舶司，并在佛山成立分支机构，专门经营进出口业务。到明朝时，佛山更是"合西北二江之流，从外省来者皆问途于此。富贾殷商，货物辐辏"，成为中国古代"四大名镇"之首，这是何等的骄傲。

佛山经济发达的佐证，可上溯到明中叶至清代。彼时佛山因手工业和工商业发达而成为"粤一大都会"（《华封台会碑》）。乾隆《广州府志》里说："佛山镇为南韶孔道，南通梧桂，东达会城，商贾辐辏，帆樯云集，亦南海聚地也。"据文献记载，康熙、乾隆时，佛山城区人口已多达三四十万。"天下有四大聚，北则京师、南则佛山、东则苏州、西则汉口"，民初《佛山忠义乡志》称佛山"户口之繁，物产之富，声明文物之盛，闻于中外，为天下四大镇之冠"。彼时的佛山镇内有 6 圩市、60 渡口、20 桥梁，一副熙熙攘攘的繁荣景象。

佛山繁荣富庶，然则地幅狭小，地势平坦，天然防御条件较差，且地处广州西南部交通要道，一直是兵家必争之地，商家必经之路。民众为求自保，很早就形成习武强身、自卫的传统。

佛山武术的发展壮大离不开当时手工业的兴盛。明清时期的佛山镇已是岭南巨镇，其经济和产业地位极其重要。彼时的佛山"百货山积，凡稀缺之物，会城（广州）所未备者，无不取给于此。"清乾隆年间，佛山有"四万商贾萃于斯，实岭南一大都会"的过人实力。那时候的佛山俨然成就了大气候，城内有 622 条街巷，户口十余万家。据记载，1838 年的佛山已经发展成为门类齐全、工商繁盛的岭南重要城镇，仅手工行业作坊就有 220 多个，商业及服务业就有 70 多个，这些作坊、商业服务业从事着至少 3000 种商品的生产。彼时的佛山大街小巷，店铺鳞次栉比，有 3000 余家，最繁盛时期，全国共有 18 个省在佛山设立会馆，如山陕会馆就是那时候的代表性会馆。此外，还有不少洋人也选择在此设铺经商。那时候的佛山熙熙攘攘，一派融通四海的欢乐祥和景象。

佛山手工业和铸冶业的繁荣，主要依靠数量庞大的从业人员。这些人一年到头辛苦劳作，靠卖力气为生，强壮的体魄是他们出工出力的基本条件和生存的必要保障。以习武来强身也是一种"不花钱"的健体方式。彼时行业内部劳资纠纷是常有的事，从业人员遭受欺压更是司空见惯。明朝天启二年（1622），"炒铸七行工匠纠众狂噪"，明崇祯六年（1633），"耳锅匠并锯柴工与诸炉户开争"，这些记载都证实了纠纷的历史存在。另外，由于日子不好过，生存成为第一要务，行业和武馆之间存在激烈的竞争也是在所难免的。为防身自保，不少人参与习武也就成了很正常的事了。

明末清初，佛山依旧隶属南海县。当地实行官吏负责征粮纳税、豪绅富商负责管理地方的堡、乡的建制。官民矛盾时有发生，社会治安面临严峻挑战。面对日趋严峻的治安状况，维护社会稳定、营造和谐景象实属当务之急，势在必行。官吏没有"一招半式"，促交公粮很难有实质性进展，遇到"蛮不讲理"的主，给你一扁担、甩你一榔头不是没可能的事。豪绅负责一方治安，如果不组织团练勤练武术，强化管理，同样会遇到大麻烦。加之富豪地主大宅大院，同样需要"有两下子"的武师来看家护院。因此到了明朝中叶，朝廷允许各地征募乡勇，维持地方各项事务的安全。多方面因素的影响下，人们习武已成"家常便饭"，佛山耍枪弄棒遂有蔚成风气之势。

"海丝"飘带上的佛山武林往事

风调雨顺的古佛山镇物阜民丰、人文鼎盛，良好的营商环境吸引着各路英雄好汉、武术人才纷纷前来谋生创业。这当中，自然不乏武林人士。

屈指算来，来佛山设武馆最早的当属创办于1851年的鸿胜武馆，它是当时最早走向世界的中国武术组织之一，也是全国成立时间最长、门徒弟子最多最活跃的武馆。其创始人张炎是江门新会人，是他首先在佛山设立武馆，开佛山武馆设立之先河，带动佛山武术逐渐走向"正规化"道路。彼时，佛山鸿胜武馆所教授的武术主要是蔡李佛拳。以鸿胜馆为依托，而后培养出了陈盛、雷灿、黄宽、李恩、陈棉、谭立、张三炳、钱维方、吴勤等武术英才，甚至带出了像"武胆司令"吴勤这样有理想抱负的早期中共党员、革命烈士。

熟悉武林故事的人都晓得，佛山的鸿胜馆在中国武术发展史上具有崇高的地位。

在海上丝绸之路的带动下，鸿胜馆的门人弟子漂洋过海，走出国门，走向世界，在国外也开设了许多分馆，让佛山的尚武精神传遍五洲四海，发扬光大。

久负盛名的鸿胜武馆是一个讲究师德传承的武馆，在香港、新加坡、马来西亚等30多个国家和地区拥有同门。其历代弟子都富有尊师重道、不忘师门的情怀。弟子们学成之后，许多人即使漂泊到海外开设新的鸿胜馆，也都公认其祖师爷是佛山张鸿胜。如今，每年依然会有许多门人弟子、海外华人和金发碧眼的洋弟子前来佛山"认祖归宗"。

鸿胜门人信奉"文能安邦，武能定国"的尚武理念。他们身上都有一种浓得化不开的正宗门派的"DNA"，他们都具有深厚的家国情怀。事实上，保家卫国、舍身取义已成为他们自觉的历史使命。

佛山鸿胜馆150年的历史中，出现了不少令人肃然起敬的武术英豪。在中华民族遭受西方蛮族和帝国主义入侵的艰危时刻，一身正气的鸿胜门人弟子一代代前赴后继、抛头颅、洒热血，豪气干云，救民族于水火。为了民族尊严，为了中华民族屹立不倒，他们不惜以生命谱写悲壮的英雄赞歌。日本军国主义侵华期间，1938年佛山遭受沦陷命运时，佛山精武会澜石石头分会的会员参加了乡民自发组织的抗击日寇的战斗，全部壮烈牺牲，以鲜血捍卫国家和民族利益，塑造了佛山儿女不畏强权、以武抗辱的不屈不挠的斗争精神。

严咏春与咏春拳

咏春拳创始人是福建的严咏春，而清末民初咏春拳名家、有"佛山赞先生"之称的梁赞，则是咏春拳的嫡传弟子。所以从严格意义上来说，佛山并非咏春拳的发源地，但对于咏春拳的传承，包容的佛山确实是做得最好也最到位的地方。

咏春拳的主要代表人物有：严咏春、梁二娣、梁赞、陈华顺、叶问、李小龙等。尤以叶问、李小龙名声最著。李小龙后来于咏春拳中自创截拳道，借助影视发行和海上丝绸之路等渠道的传播，使之风靡全世界。

咏春宗师叶问

咏春宗师梁赞祖籍江门鹤山，其弟子陈顺华是今佛山顺德人，叶问则是今佛山南海人。随着香港电影《叶问》系列的上映，神州大地一下子掀起一股"叶问热"。

咏春宗师叶问（1893—1972），原名叶继问，曾用名叶溢，是现今佛山南海桑园人。他早年曾就读于香港圣士提反书院。师承陈华顺、梁璧。叶问幼年体弱多病，清光绪二十六年（1900），佛山咏春宗师梁赞的弟子陈华顺租用叶问家宗祠设馆授徒，7岁的叶问在父亲的允准下，拜陈华顺为师，学习咏春拳术。清光绪三十二年（1906），陈华顺中风，临终前将大弟子吴仲素叫到跟前，留下遗嘱，让他务必照顾好叶问，说此子天资聪颖，将来必有大成就，一定能将咏春发扬光大。吴仲素点头应诺，请师父放心。

陈华顺病逝后，叶问随后转到佛山普君墟线香街吴仲素拳馆，跟随吴仲素继续学习咏春拳，足足苦练了三年。光绪三十四年（1908），叶问奉父命赴香港，他得到姻亲庞伟庭的资助就读于香港赤柱名校圣士提反书院。在此期间，经同学介绍，叶问认识了梁赞的次子梁璧，业余又跟随他深造咏春拳近四年时间。梁璧对好学上进的叶问倾囊相授，将其父拳术的精妙之处尽数传给了叶问。叶问武技遂得以突飞猛进。

民国政局稳定后，叶问自香港返回佛山，先任职佛山侦缉大队书记，后跟随伍蕃出任广东防务稽查长。期间因为工作需要，叶问开始教授朋友及下属练习咏春拳。咏春拳遂名闻佛山，广受欢迎。

佛山叶问像

    独具韵味的"秋色"是佛山民间的一大特色活动。舞龙舞狮是秋色活动中必不可少的一个项目。佛山民间有"无龙无狮，不成秋色"的说法。舞龙舞狮者多是武林高手，他们必须具备过硬的南派武功。舞龙舞狮技术的高下，实际上也代表了各方武术水平的高下。说到底，这是由各派武术的强弱决定的。秋色活动的现场必有粤剧表演，粤剧文武生也多是"吃过夜粥"的武林人才。文武生们将武术融入粤剧，生旦净末丑参与的武打粤剧特别抢眼，非常好看，往往能激发佛山民众的观看热情和尚武精神。武术题材深入到生活的方方面面，这无疑会对佛山民众产生潜移默化的作用。

    "佛山秋色"相传起源于两晋时期，其正式定名则在明正统十四年（1449）。2008年，"佛山秋色"被国务院批准列入第二批国家级非物质文

舞狮表演

化遗产名录。民国时,佛山每年中秋前后都搞"秋色"大游行,以此来展示佛山特殊的民间手艺,每年都人山人海,游行队伍中不乏来自外乡的游客。

据说在一次"秋色"游行中,叶问与表妹等几个人一起观赏"秋色"游行,突有一便衣警察上前欲非礼其表妹,叶问见状怒火中烧,以咏春拳法将对方好好"修理"了一番。落得个"嘴啃泥""狗抢屎"下场的警察狼狈不堪,他气急败坏,起身拔枪就要"正法"了叶问,谁知叶问说时迟那时快,一个转身便握住了对方的左轮手枪,并以大拇指的力量直压左轮手枪的转轮,一使劲,竟将枪芯压弯,变成了"右轮玩具",坏警察被围观者一阵嘲笑之后,灰头土脸地逃走了。此事在当地被传为美谈。

日军侵占佛山后,宪兵队的日本侵略者很快就听到了叶问的大名,欲邀请叶问担任宪兵队的中国武术教练。一向寻求报国、抱守民族正义感的

佛山秋色巡游活动表演现场

叶问，当即严词拒绝。日方对此大为光火，盛怒之下，竟下战书指派日本高手与叶问比武，并言明倘是叶问败阵，则必须听命差使，否则将杀之。在再也无法断然拒绝的情况下，叶问只好接受挑战，准备好好教训教训不可一世的日本鬼子。双方对决时，叶问以炉火纯青的咏春拳，打得日本武士满地找牙。看到日本武士败相毕露，跟跟跄跄行将倒地时，叶问及时收马，一个鲤鱼打挺，瞬间身轻如燕跳出比武场。日本武士知道叶问赢定了，退出赛场算是给足自己面子，无奈之下，只得罢手。负责裁判的翻译官也不敢得罪日本武士，战战兢兢当场宣布，二人打成平手。

此次比武之后，叶问担心因此激怒日本人没有好果子吃，于是决定暂离佛山，并暗中开展抗日御侮工作。1941年至1943年间，叶问曾借得佛山永安路的"联倡花纱店"，在晚间教工友及下属练习咏春拳，培养了一大批咏春门徒。

抗战后期，联倡花纱店停业，叶问干脆搬到徒弟郭富家里暂住。在此期间，为报答周清泉接济之恩，叶问在佛山永安路联昌花纱店内开馆教授周清泉之子周光耀、外甥伦佳，以及郭富、陈志新、吕应、周细等一众底子较好的工友门徒修习咏春拳，这些汉子们由此成为叶问的首批门徒。

民国三十四年（1945），受战争影响，郭富打工的糖面铺不得已关闭，郭富失业，生活瞬间没了来源，不得已只好返回平洲乡下另谋生路。兴许觉得抹不开面，郭富与叶问不辞而别。当叶问发现自己最喜欢的爱徒离开佛山没了踪影之后，好一阵着急，于是亲自到郭富的乡下老家平洲夏滘找他。师徒重见面，各自心酸各自知。在郭富的建议下，叶问在郭家祖屋继续教郭富练习咏春拳。叶问倾囊相授，手把手地教郭富咏春精髓。勤学苦练的郭富则更加用心练武。在此后的近两年时间里，叶问经常徒步二三十里路到夏滘，继续向郭富传授咏春拳术，并取出自己珍藏的所有拳谱、药书，叮嘱郭富务必翻录下来，日夕研磨。郭富的武艺由此大有长进。

抗日战争胜利后，佛山终于摆脱了日寇的魔掌。民国三十五年（1946）后，叶问虽有一身武功，却放弃设馆授徒。他重操旧业，继续在佛山警察局任职，职务由刑警队队长而升督察长，后又升代理局长，一步步得以擢升。叶问事必躬亲，曾亲手侦破佛山沙坊劫案，并在升平路升平戏院内亲手擒拿劫匪。由于工作出色，他得上级赏识，而后升任广州市南区巡逻队长。此后他先后辗转穗港两地，大多数时间都在港九饭店职工总工会、九龙汝州街、李郑屋村、通菜街等地设馆授徒。

1949年，叶问再次来到香港，由好友李民推介，认识了饭店公会理事长梁相。梁相也是武术爱好者，曾习龙形摩桥。当他得知叶问就是咏春拳陈华顺门人时，马上提着礼物到叶问住处，进门就跪下来言辞恳切地要求拜叶问为师，学习咏春拳，并请求叶问在九龙深水埗大街的饭店公会公开传授。

当时跟随叶问学武的除李民、梁相外，还有骆耀及其外甥卢文锦等不到 10 人。其中李民与叶问有旧，他俩早已是好友，这样一来，他们就可说是亦师亦友了。

此后又有叶步青、徐尚田等人相继投入叶问门下。由于求技者日渐增加，叶问名声随之越来越响，咏春拳的推广几乎遍及香港的每个角落。

为了有更大的空间和场地，叶问再三迁换场地，先后于九龙利达街、李郑屋村、九龙兴业大厦设馆收徒。叶问科学统筹，分出晚间不同时段执教。1954 年至 1955 年，叶问在九龙饭店职工总工会教习咏春拳。跟随叶问习武者，可以说是遍及香港社会各阶层，其中不乏外国留学生。1963 年至 1965 年，叶问在大角咀福全街大生饭店教拳，其间还在新蒲岗衍庆街教香港警务人员学咏春拳。1965 年至 1972 年，叶问返回通菜街住所。此时的叶问因年事已高，明显有些力不从心了，所以只对个别特优者教习。1968 年，叶问收梁挺为"封门弟子"。

在余下几年里，他不断把毕生所学传授给梁挺，叶问常与其他武林中人切磋交流，不断摄取各派精华，教授梁挺。梁挺由此颇得真传，拳艺逐渐达到炉火纯青的境界。梁挺不负师望，屡挫凶徒，遍压强手。梁挺武德很好，又兼重节轻利，在佛山拳坛上，被誉为咏春派的"第二位梁赞"，有"二梁"美誉。

一代宗师叶问德艺双馨，在香港社会和武术界有拥很高的威望，拜到他门下跟随他学武的人遍及社会各阶层。叶问是个宽厚仁慈之人，他对求学者一视同仁，从来不问他们的身份地位，入得师门便是咏春子弟。叶问于武术一途敢于创新，他从不囿于教条，喜欢点化术业。他将咏春拳术原来深奥古涩的传统术语、原理特征，以最为通俗易懂的语言躬身演示，使得门下弟子易学爱学，好记善用，一个个融会贯通，各有造诣。叶问为光大咏春拳，作出了不可替代的突出贡献。

1972年12月1日，咏春宗师叶问在香港病逝，享年79岁。叶问谢世后，门下弟子一致推崇他为咏春派的一代宗师。他的门徒无论在世界任何角落设咏春拳馆，所要做的第一件事就是设立"咏春堂"，将叶问画像或塑像供于重要位置，作为对弟子们的一种勉励。那是咏春门人光芒四射的荣耀。

对于咏春子弟的念祖感恩之举，倘叶问泉下有知，也该了无遗憾了。在他的光芒照拂之下，他与他的徒子徒孙们一起带动了咏春拳在全世界遍地开花，结出丰硕成果。目前，全世界约有200万人在练咏春拳。不能不说，这个数字是极其庞大的存在。咏春拳的影响力由此可见一斑。

叶问生于佛山，长于佛山，成名也在佛山。他一辈子有40多年生活在佛山。2002年11月9日，佛山市政府在祖庙建起叶问堂，并正式对外开放。

后世纪念叶问的史料也很翔实。20世纪70年代出版《佛山华侨志》，有专文介绍叶问事迹；2000年落成的佛山武术博物馆内设有叶问事迹展览室；美国俄亥俄州专门设有"叶问博物馆"；英国伯明翰的"叶问（海外）国术总会"设有纪念叶问的宣传栏；在叶问曾经生活和授徒的香港"叶问国术总会"内，至今还挂有他的画像和练功等照片。

叶问一生都在推广咏春拳，他坚守武林精神，在涉及民族尊严时决不含糊，定以钢筋铁骨舍生忘死去维护。叶问以一代宗师的风范，展现出中华武术的血脉传承、精神皈依。他无愧一代宗师的美誉。

巨星李小龙

说到叶问，人们就会想到他的高徒李小龙。

李小龙祖籍顺德，1940年11月27日生于美国旧金山，他的童年和少年是在英国殖民统治下的香港度过的。李小龙从小在父亲的指引下练武，7岁时练习太极拳，13岁时即随咏春宗师叶问苦练咏春拳法。李小龙从小接受父辈和师父的爱国主义教导，养成一股浩然正气。李小龙习武非常刻苦，他在家中设了一座木桩，每天对着木桩勤学苦练，不辍寒暑。

据说跟随叶问学习咏春拳法时，有一天下午，叶师父按惯例外出饮茶，在忘情于跟朋友聊天时，耽误了回家时辰，没能准时回来教徒弟们练武。在叶问武馆练武的一众师兄弟中，李小龙永远是最早到又最晚走的一个。那天李小龙一早就来到叶问家练拳，见师父不在，遂自作主张对陆续到场的师兄弟们说，师父今天下午临时有事，下午教程暂时取消，大家没事可以先行告退，明日再来。师兄弟们不晓得这是李小龙的个人说辞，闻言都信以为真，一个个相继离去。

良久叶问归来，见其他徒弟们都不在，独有李小龙一人在刻苦练拳。叶问对着李小龙的身影不停地点头说："孺子可教！孺子可教也！"心里直赞李小龙好学，将来定是一块传承咏春的好料。说到底叶问也想找一个可以传灯之人，这回心里有数了，李小龙无疑就是最合适的人选。于是叶问便将咏春的秘诀悉数传授于他。

虽然李小龙当日那个善意谎言事后被师兄弟们说破，但叶问只是似笑非笑不置可否，他反过来认为这是李小龙在替自己解围圆场，所以并不追究。叶问对李小龙的偏爱由此可见不一般。

在叶问的悉心教导下，李小龙进步神速，很快就将咏春拳秘笈学到手。

除了学习咏春拳，李小龙还练过其他几个拳种。他善于学习，善于总结经验，善于融会贯通，又善于守正创新，为他后来自创截拳道打下了坚实的基础。

1971年夏，香港嘉禾电影公司老板找到李小龙，说愿以1.5万美元的片酬与李小龙签约两部影片，让他出任主角。其中一部是以中国武术为题材的《唐山大兄》。李小龙闻言大喜，很快就答应了下来。尽管剧本是边拍边写，大有临阵磨枪的斧凿之痕，但李小龙还是拍得很认真。

莺声初啼，李小龙因此一炮而红。该片预算投资只有10万美元，却以300万港元的票房，创下了香港电影开埠以来的最高票房纪录。这不但让电影公司老板没想到，连李小龙也"懵擦擦"有点晕乎乎的感觉。他有点不敢相信这是真的。

尝到甜头的李小龙发现拍武打戏好玩又赚钱，而后他干脆另起炉灶，自己组建协和电影公司，开始自编、自导、自演。此后他一口气拍了影片《猛龙过江》和《死亡游戏》。后来，他还与美国华纳电影公司合作，成功拍摄了《龙争虎斗》。几部影片他都亲任主角。电影拍出来后非常走俏，简直到了风靡全球的地步，影响甚广。李小龙的名气也随之水涨船高，变得越来越大了。是咏春拳和他自创的截拳道改变了他的命运，使他成为全世界武术爱好者顶礼膜拜的"国际武打巨星"。李小龙是佛山的，也是中国的，更是世界的。

作为截拳道创始人、终极格斗冠军赛开创者，李小龙被誉为"世界武道变革先驱、综合格斗之父"，他在武术技击、武术哲学、功夫片的开创等方面有着不可替代的作用。李小龙是中国功夫首位全球推广者，也是好莱坞首位华人演员。因为他的存在和极力推广，"Kung Fu"一词被英文词典收录为单词，成为"中国功夫"的代名词。他以多个唯一，开创了世界纪录协会的先河，以几乎空前绝后的"李小龙旋风"，席卷全球武术界，将"中华武术"的金字招牌擦得锃亮，从而创造了"世界最多影迷武术家"纪录，在各年龄段中都拥有难以数计的粉丝。美国人把"功夫之王"的桂冠给了他，"武之圣者"是日本人对他的膜拜称谓。

佛山均安生态谷李小龙铜像

李小龙开宗立派,他以咏春拳为基础,自创了截拳道,同时融合了全世界各种武术的精华。这种全方位无死角的自由搏击术,让人眼前一亮,点爆了世界人民的眼球。

李小龙是一位善于思考的武术奇才,他之所以能创立截拳道,是因为他拥有与普通武术爱好者完全不同的习武观,他的武术理念是"海纳百川,融汇中西"。他对中国的儒释道进行了武术层面的归纳总结和经验层面的提炼提升。他将西方哲学思想融入武术,并进行了批判性的继承。他善于将自己的性情、习武经验进行总结,创造性地开拓了武学的境界。他把练功分为三个层次,首重思想,二重武术知识,三才讲求武术技巧。由此,他创造出"旋风式"的"截拳道",从咏春拳的"寸劲"中演化出截拳道独一无二的"寸拳",集棍与鞭的优点,将"双截棍"舞得出神入化,成为他双手的延伸部分。李小龙有强大的文化自信,曾不无骄傲地对媒体说:"中国功夫,铸我武魂。我不会说我是天下第一,但我也绝不承认我是世界第二。"此等赫赫霸气,试问几人能敌?

作为地地道道的佛山人,李小龙不愧是佛山人民的骄傲。李小龙一生勤于武学著述,习武之余,他写有七大本学武笔记,著有武术著作手稿《截拳道》《截拳道研究》《功夫记录》《二节棍法》《布鲁斯·李拳术图解》和《布鲁斯·李武打技法》六部。

人们可能不太了解的是,一身武魂附体的李小龙竟然还是个感性的诗人。让我们来读读他的诗句:

> 我是人群中的巨人,
> 俯视苍生的豪杰,
> 还是封闭自感的庸碌之辈?
> 我是功成名就、信心十足的绅士,
> 一呼百应的天生领袖,
> 还是在陌生人前小心翼翼、动辄心惊的弱者?
> 在强装的笑颜后面,
> 是一颗瑟瑟发抖的心,
> 如同在漆黑森林里迷路的小小少年。

这是1969年他在写给朋友"美国跆拳道之父"李俊九信中的诗《我是谁》里的一段,铮铮铁骨的李小龙竟用散发无比柔情的诗行鼓励挚友自强不息,似此优美诗句,竟出自"功夫之王"李小龙的手笔。这当然也可视为李小龙对自己的一种自勉。

海上丝绸之路功不可没,20世纪70年代,李小龙连续推出《唐山大兄》《精武门》《猛龙过江》等卖座功夫片之后,加速了中国武术在海外的流传。

自古英雄如美人，不许人间见白头。天有不测风云，人有旦夕祸福。正当李小龙雄心勃勃，大展宏图，准备继续拍《死亡游戏》的时候，由于药物过敏，他于1973年7月20日在香港遽尔辞世。他的生命永远定格在了32岁。真是天妒英才，令人不胜唏嘘啊。

武之王者李小龙乃"佛山之子"，他是佛山人民的骄傲，也是中华武术引以为豪的一代武术大师。全世界的习武之人会永远怀念他。2008年11月，全球最大的李小龙纪念馆在李小龙祖籍佛山顺德均安隆重开馆。这无疑是佛山人民对李小龙这位"佛山之子"的最好怀念。

龙形拳

龙形拳起源于19世纪末，关于其创始人，坊间主要有两种说法，一种说法是由惠州汝湖人林耀桂首创，另一种说法是由惠州惠东人林合拜师福建南少林和尚黄连矫习得。两种说法，莫衷一是。龙形拳拳如其名，拳功腿功皆模仿龙形，其动作轻灵奇巧，威厉无比。

龙形拳的两脉传人在传播龙形拳上都做出过可圈可点的贡献。林耀桂曾打败来自俄国的重量级世界拳王，风头一时无二，被誉为"东江老虎"。而林合一脉的传人林国财老先生在抗美援朝战场上，凭借一手出神入化的龙形拳，独闯敌人阵地，遭遇十几个美军，身负重伤，不辱使命，光荣完成任务，被誉为"孤胆英雄"。

《龙形正宗拳术源流简史》里记载，林耀桂早年在福建少林寺习武，后又随罗浮山华首台大玉禅师练拳。大玉禅师乃武林名宿五枚师太的门人，故龙形拳起源也有"势归龙形溯源传自五枚师"之说。林耀桂学成之后，16岁时就开始与其伯父、父亲一起开馆授徒。

据说有一日，林耀桂带领门徒应邀在罗浮山下一个庙前表演武术，碰巧被大玉禅师的门徒看到。他觉得林耀桂的武功与自己可能是同一门派，于是上前打听，当他得知林耀桂的拳脚功夫确实出自罗浮山华首台时，两人相视一笑，心突然就近了。一番热聊之后，他俩遂结伴上罗浮山去拜见大玉禅师的高足高雄民、马监、陈华高等人。凑巧的是，高雄民、马监和陈华高都是林耀桂伯父和父亲的师兄。有此意外之喜，林耀桂遂跪拜称他们几位为师伯。

高雄民当年深得大玉禅师欢心，大玉禅师于是将龙形拳秘笈真传倾囊授之。这番高雄民见到林耀桂，内心极为高兴，他让林耀桂耍几下拳脚给他看看，林耀桂抱拳拜谢说不揣浅陋，师伯多多指教。一番疾风暴雨之后，高雄民上下打量着眼前这位憨厚朴实的彪形大汉，对其出神入化的武艺赞不绝口，于是便主动将林耀桂纳于门下，日夕以平生所学教之。

而后的20多年里，林耀桂跟着高雄民习武采药，技艺日进，学得真传。林耀桂在罗浮山一直住到35岁才下山，在广州正式设馆授徒。

彼时的中华大地正遭受内忧外患，林耀桂对国家民族命运忧心忡忡。作为一介武夫，他唯愿以武报国，顺便也为自己谋条活路。省城广州鱼龙混杂，太极、八卦掌、铁砂掌等门派的不少名家高手多云集于此。他们闻知林耀桂武林声名，都想与之切磋。林耀桂在多次比武中击败过各派高手，从此以后，他便声震岭南武林。

1925年，一个高大威猛的俄国拳王跑到广州来撒野，到处挑衅，打败几位中国拳手之后，更加狂妄自大，居然在省城最显著的位置当街设擂比武，扬言"拳打广东一省，脚踢中华诸派"。林耀桂见状气不过，决定上台接受挑战，誓要击垮俄国狂徒，为中华武功赢回面子。

林耀桂不负众望击败了俄国拳王，令在场的中国人欢呼雀跃，扬眉吐气。林耀桂和他的龙形拳因此威震羊城。1926 年，林耀桂在黄埔军校担任训练部少将时，在军中传授龙形拳，受到在校师生的推崇，国共两党不少将帅，当年都是林耀桂的"门徒"。由林耀桂指导训练的十九路军，1932 年在上海淞沪会战中，弹尽粮绝肉搏时，正是以龙形拳术暴揍日本兵的。龙形拳"轻、灵、稳、迅、猛"，攻势凌厉，实战性强，内地军警两界一直将之作为擒拿格斗之术在业界推广。

许多人也许会问，既然林耀桂的龙形拳师出五枚、大玉禅师，为何后人不尊五枚、大玉禅师为龙形拳祖师爷呢？细究之后才发现，原来五枚大师、大玉禅师的拳法融合了众家之长，他们都身怀各门各派绝技，人们很难界定他们的门派。而林耀桂择一派、终一生，他一直只专攻龙形拳，并将龙形拳种的绝技融为一炉，发挥到了极致，他是龙形拳的集大成者，其名气为武林人所共知。因此龙形拳后人就尊林耀桂为龙形拳的始祖。

源于广东惠州的龙形拳之所以能在佛山古镇开枝散叶，并成为其中一大拳种，应归功于马齐和曾根这两位林耀桂的高徒。

佛山三水人马齐 1936 年在广州拜林耀桂为师，潜心苦练龙形拳。据说刚开始时，林耀桂因为门徒众多，并没有太在意马齐的存在。有一次，西关有个姓苟的拳师在外诋毁龙形拳说："龙形拳乃花拳绣腿，既不中看，也不中用。"龙形拳弟子闻言震怒，便对师父林耀桂说要去跟那拳师切磋切磋，顺便教训一下他，让他见识见识何为龙形拳。德艺双馨的林耀桂对此淡然一笑，不为所动。

年少气盛的马齐见师父无动于衷，他牢骚满腹、心有不服，就一个人偷偷跑到西关去踢馆。那个挑衅龙形拳的苟师傅见马齐身材瘦小、其貌不扬，遂摆出一副不屑一顾的高傲姿态，说自己懒得与龙形拳的门徒较量，要比就让林耀桂亲自来。说完，苟拳师就派出自己门徒出去迎战。想不到马齐只两招龙形拳就将苟师父的徒弟制服。苟师父的另外两个徒弟见状，遂两人一起上。但见马齐不出一刻钟就将此二人也踢出了大门。见几个徒弟如此不堪一击，苟师父气得瞪眼吹胡，这才亲自出马对付马齐。八九个回合下来，马齐便以龙形拳的"三通"招数，将苟师父砸倒在地。

这事传回龙形拳馆，师兄弟们拍手称快，他们既喜又忧。喜的是马齐给龙形拳正了名赚了脸面，忧的是怕师父会责怪马齐，将他赶出师门。但是令所有人想不到的是，林耀桂不仅没责罚马齐，反而笑逐颜开地指着马齐关怀备至地说道："马齐你太年轻了，不该一个人去踢馆，要去，也多带几个人嘛。要是被人家苟师父打翻了，也好有个照应……"马齐和一众师兄弟见状，这才松了一口气。

从那以后，林耀桂对马齐便高看一眼，每当夜深人静时，就给马齐"开小灶"，传授龙形拳秘笈。马齐一边勤学苦练，一边随侍师父左右。1947年，马齐回家乡三水服母丧，乘此空档在三水迳口（现在南山镇）善区水坑村、石禾村和红星村联合成立"东星和武术社"（武馆），教授村民龙形拳和醒狮技艺。1956年林耀桂到香港定居之后，马齐先后在广州、南海、花都、清远和三水等地开馆授徒，以光大龙形拳。1988年，上了年纪的马齐还主持组织成立了广州龙形拳会，并亲任首任会长。马齐恋旧，对故乡三水特别有感情，为了弘扬龙形拳术，他在家乡三水创办了南山镇、西南公园和西南武庙三间马齐龙形拳会馆，使三水成为传承龙形拳的重要基地。与此同时，在马齐的影响和教导下，他的儿子马国辉及其后人都不遗余力对龙形拳进行大力推广。如今，佛山、广州、香港及东南亚各国，都有马齐龙形拳的传人，他们致力于推广龙形拳。

龙形拳之所以能在佛山得到光大，是因为马齐的师弟曾根在其中发挥了重要作用。曾根是由佛山精武会早期领导人之一李佩弦介绍给林耀桂认识的，上世纪50年代初曾根开始跟林耀桂学习龙形拳，是林耀桂晚年的得意门生。林耀桂到香港发展武学后，曾根和几个师兄弟在广州继续推广

佛山亚洲艺术公园

龙形拳。1960年，祖居西樵山下黄飞鸿邻村的罗荣强（人称卖鱼强），由曾根的胞弟曾坤引荐，拜曾根为师，正式成为龙形拳门人。在卖鱼强的积极推动和引荐下，本来与佛山早有渊缘的曾根就来到了佛山，把佛山当作推广龙形拳的一个重要基地。在佛山，曾根带着徒弟们时而在中山公园，时而在祖庙广场，生龙活虎地操练着刚劲勇猛的龙形拳。在五六十年时间里，曾根在佛山培养出了大量的门徒，卖鱼强、利棠、彭江、梁球、岑杰雄、何嘉诚等成为他的得意门生。这几人成为继曾根之后，发展龙形拳的重要人物。基于曾根在佛山推动龙形拳所作的贡献，他被尊为佛山的"龙形拳之父"。

佛山确实是适合武术生长的一块热土。据史料记载，自从曾根将龙形拳传入佛山之后，龙形拳很快就在佛山武术界站稳脚跟，并得到光大，在佛山武术界形成了较大影响。20世纪六七十年代，佛山掀起一股龙形拳热，兴盛时，曾根的门徒不下千余人。及至后来随着电影《少林寺》的热播，佛山人习武的热情曾一度高涨，人们对龙形拳也更为喜爱了。彼时每年均有上千人在练龙形拳，人头攒动的场面不少人至今记忆犹新。

2006年，佛山禅城区顺势而为，成立了佛山武协龙形拳总会，成为佛山龙形拳海内外传人回佛山寻根问祖之所；2007年，以马齐名字命名的佛山市三水马齐龙形拳会馆在三水挂牌成立，这是马家四代人传承龙形拳的重要基地；2014年，曾根的另一高徒岑杰雄从香港回到佛山，成立了禅龙龙形拳武馆。至此，龙形拳馆遍布佛山、广州大街小巷。

经过佛山几代传人的努力，目前龙形拳已成为佛山武术文化遗产。2009年，三水马齐龙形拳被评为佛山市非物质文化遗产，为佛山武术增添了一面金字招牌。

爱国怀乡武师情

佛山是我国著名的武术之乡，2004年被国家体育总局授予全国首个地级市"中国武术之乡"称号。佛山武风炽盛，爱好武术的人们加入武馆练拳习武，既能强身自卫，又可以凝聚情感。全民习武的风行，带动了专业武师队伍的建设。

佛山武术融百家之长，是南派武术的重要代表。佛山所衍生的蔡李佛拳、洪拳、咏春拳等多个门派的武术，为人们所耳熟能详。这些拳种又诞生了很多名重一时的武术大师，这些武术大师连同拳种，很好地弘扬了佛山武术的名声。

佛山的武术名家们各逞英豪，他们虽然各怀绝技，但他们在对待武术传承的问题上，都表现得极为虔诚。正因此，佛山各门派的武术才得以尽显风姿、发扬光大。这无疑也带动了中国南派武术的大发展。

这些武功高强的名家大师在佛山开馆授徒，培养出一批又一批的门徒高足，他们又通过海上丝绸之路等途径，将佛山各门派武术和中华武术精神传播到世界各地，让不同肤色的外国人也爱上了佛山武术，感受到中国功夫带来的震撼。这些漂洋过海的各流派门人弟子是佛山武术、中国功夫发扬与传承不可缺少的力量。在这些武术人才的带动下，佛山武术在国内外拥有很高的地位，赢得了世界人民的尊崇。

佛山之所以被评为武术之乡，是因为佛山作为南派武术的整合起源地，而受到习武之人的尊敬和推崇。随着我国国际影响力越来越大，包括佛山武术在内的中国优秀传统文化，也在昂首挺胸漂洋过海，走向世界。

佛山人向善向上，一向包容宽厚，崇文尚武。他们对自身拥有的历史文化极为珍爱。包括武林人士在内的佛山人，都是广府文化的重要传承者和发扬者。作为岭南广府文脉的代表，千年佛山重文重商、尚武乐善，可谓满城都是人文典故，千年尽显商埠魅力。

当年西方帝国主义列强用坚船利炮轰开中国大门，佛山人骨气峥嵘，勇于同侵略者作斗争。国家蒙难，佛山作为工商业发达的岭南重镇，自然也离不开百年离乱、百年求索、百年抗争的曲折命运。能屈能伸骨骼奇傲的佛山人，再苦再难，也不忘崇文尚武爱国爱乡的精神。正是因为有这样的精神支撑，才使得佛山人始终不屈不挠，挺直脊梁，笑对风云变幻。

事实上，明朝初年时，佛山的武术已相当普及。自明朝至清朝中期，得益于天时地利人和等各种有利条件，彼时的佛山发展迅速，社会进步很快，手工商业比较发达。不少外国人冲着佛山的美名，远涉重洋，来佛山经商、办企业、旅游玩乐。他们中有不少人是冲着佛山武术而来的。他们在佛山拜师学艺，将佛山武术带回国外，一定程度上也光扬了佛山武术。

清朝末年，朝政腐败，列强鹰视狼顾，作恶多端，英帝国主义以鸦片毒害中国人民。1839—1840年间，林则徐凌风一站，举行"虎门销烟"，大涨国人志气。林则徐禁烟时期，蔡李佛拳创始人陈享以国家大义为依归，协助林则徐训练义勇水师。胸怀民族大义的陈享，始终抱着"以武强族""以武拒敌"的坚定信念，积极宣扬"吾技进可御外侮、退则强身健魄"的主张。

鸦片战争爆发时，陈享毅然率领蔡李佛门下众弟子，投入广州虎门水师衙门麾下，联手水师，英勇抗击帝国主义的野蛮侵略，展示了佛山武术雄风。佛山儿女在同帝国主义侵略者抗争的同时，也对西方文化的优点逐渐有所认识，更有一批有识之士愿意俯身学人长处，注重吸收近代西方先进文化思想，洋为中用，呼吁"师夷长技以制夷"。

佛山武术的勃兴，当然与历史契机有着莫大关系。明亡之后，各派武林高手纷纷来广东潜伏和秘密发展，在石湾出现的"五顺堂"是珠江三角洲地区最早的天地会（洪门会）组织。清雍正年间，外省艺人兼武林高手张五（摊手五）为逃避清廷追捕，潜逃至佛山琼花会馆栖身。张五将平生所学倾囊授予佛山红船弟子。他带给佛山的，除了新的唱腔，还有兼具各门派优点的武艺和反清复明思想。在相当长的一段岁月里，功夫在粤剧艺人中秘密流传，星星燎原，成为"反清复明"的一股民间暗流。

清咸丰四年（1854），粤剧"琼花会馆"的负责人李文茂在太平天国领袖洪秀全的号召下，联合陈开等人在佛山等地起义，与太平天国起义军一起反清。李文茂以戏班骨干编建三军，一曰"文虎军"，二曰"猛虎军"，三曰"飞虎军"。李文茂则自穿戏服蟒袍甲胄，其余将官均按品位穿着明朝戏服。女官由女花旦充任，戴七星额，穿女蟒袍。后因义军人数激增，戏服不足，便一律以红巾扎头代替冠盔，故称"红巾军"起义。他们登城楼，攻击敌阵，以一流武功上阵抗清，"旬日间，连下数十州县"。就连清廷也不得不承认他们"战功懋著，有似吞舟之鲸"。后来，这支起义军一直打到广西建立起大成国。起义虽然以失败告终，但却有力配合和支援了太平天国，沉重地打击了满清的腐朽政权。

古佛山镇是南派武术的主要发源地，但这并非说中国南派武术所有的拳种和门派都是在佛山诞生的。比如蔡李佛拳、洪拳和咏春拳其实都不是在佛山诞生的，而是由外地传入佛山，然后在佛山不断融合、成熟、壮

粤剧《精武魂》

大，之后在佛山发扬光大，最终声播海内外。由此观之，说佛山是武术的炼金炉可能更到位，更贴切。这当然得归功于佛山一向以来醇厚的武林民风和开放包容、海纳百川的宽广心态。

作为南派武术的发祥地，清末民初佛山全市武馆超400家，流传的拳种有60多种，并形成了蔡李佛拳、咏春拳、洪拳、龙形拳、白眉拳五大门派。当时佛山民间习武之风蔚起，武馆如雨后春笋般成立，涌现出一批具有国际影响的武术名家和武术组织，他们通过海上丝绸之路等途径，走向世界，蜚声海内外。世界上广泛流行的蔡李佛拳、洪拳、咏春拳等不少拳种和流派，都是通过佛山走向世界的，所以说到底，其根都在佛山。其中，佛山精武体育会、两广国术馆是当时的主要代表。

镜头回放到清末民初，彼时列强入侵，带有侮辱性质的"东亚病夫"贬称加在中国人身上，令有骨气的国人奋起习武，或报名从军，以雪国耻。人民的爱国热情被激发出来，佛山民间的习武热情也随之被彻底调动起来，达到了空前高涨的程度。

革命先行者孙中山先生就曾邀请佛山武术名家蔡桂勤到其大元帅府任武术教练。民国十年（1921），广州孤儿院发起慈善筹款，佛山著名武术大师林世荣到场表演洪拳武术，孙中山大加赞赏，以临时大总统的名义向林世荣颁发银质奖章，表彰他不畏强权、勇于斗争、弘扬中华武术精神、以武术报效国家的善举。同年，林世荣被广州人尊称为"虎鹤先生"。

林世荣（1861—1943），今佛山南海桂城平洲人。他是清末民初武术家，广东近代洪拳高手，是入选广东历史文化名人的岭南武术流派虎鹤门创始人。

林世荣10岁时被洪拳名手胡金星收为入室弟子，打下扎实的武术根基。后来到广州，入钟雄山武馆学习佛家拳。17岁时，报国心切的林世荣便投奔刘永福将军的黑旗军，欲以武报国。

大名鼎鼎的刘永福早年因抗法援越和抗日保台的功绩受到中国人民的尊敬，被誉为"民族英雄"。辛亥革命后，刘永福一度还应国民政府主席胡汉明之邀，短暂出任过广东民团总长。林世荣在刘永福手下当差，自然能发挥所长。

可惜天不假年，刘永福不久便去世了。刘永福手下其他将领并不喜欢林世荣。无奈之下，林世荣离开黑旗军，转而师从黄飞鸿学习洪拳，凡二十余载。

民国七年（1918），满身武艺的林世荣投到李福林旗下，在他的"福军"中任武术总教练有年。

作为著名武术家黄飞鸿门下最有成就、授徒最多、在广州及香港影响最大的入室弟子，林世荣曾获过清末广州东较场举办的首届广东武术比赛第一名，在广东武术界名气很大。

林世荣自幼随祖父学习家传武术，先后师从林福成、黄飞鸿等广东武术名家。学成以后的林世荣，早年曾在广州西关长寿大街开设武馆。20世纪30年代，已届晚年的林世荣迁居香港，在洛克道开馆授徒，传播平生所学。这期间，他废寝忘食，勤于笔耕，将毕生练武经验流于笔端，著有《工字伏虎拳》《铁线拳》《虎鹤双形拳》三书，影响甚巨，在海内外武林界享有崇高声誉。此举开拳术套路写作之先河，是广东武术界的一个创举。

之所以称之为"创举"，是因为当时武术界有一种不成文规定，师父教徒弟时大多会"留一手"，以免日后教会徒弟，饿死师父。彼时的武术师父，鲜少以真技示人。武馆授徒时，为防泄漏本门本派秘笈，也为防备有些门徒"反骨"不认人，师父们小心翼翼，大多只是教六留四。

事实上，千百年来，关于广东武术套路的书籍凤毛麟角，纵使有书，也被视为秘本，秘而不宣。心胸开阔的林世荣看不惯那些人"防贼"似的举动，与他们相反，林世荣将自己毕生所学，编写成教材，将完整的套路全部公开，连其要点和对拆方法都毫无保留地写了进去。

在编写《虎鹤双形拳》时，林世荣不墨守成规，他博采众长，将洪拳、蔡李佛等拳种的精华逐一指出，以自成一体的体例呈现武术之美。其拳法因而结构新颖，路线宽广，动作轻快。《虎鹤双形拳》甫一问世，很快风靡全国和港澳台地区。通过海上丝绸之路等途径，该书还远销南洋诸国和美国、加拿大等地，传播广泛，历久不衰。最值得一提的是，林世荣的《虎鹤双形拳》直至今天仍在使用，被列为在校体育类大学生必修课程。可见其影响之大，确实为佛山武术打造了一个含金量极高的文化名片。

"虎鹤门"，作为佛山历史上极为重要的武术流派，融合了禅、拳、医、武等多种南派"国术"精华，以宽广的情怀抒写了大中华武术的雄浑品质、壮美篇章。该拳从"龙虎出现"至"虎鹤齐鸣"共118式，结构新颖，动作轻捷，一扫以往"南拳"招式沉滞重复的积弊。也正是"虎鹤门"，奠定了林世荣在广东武学界的泰斗地位，并带领广州和佛山的武术事业，进入了一个崭新的黄金时代。

关于林世荣的民间传说很多，但见诸史料记载的文字及档案资料却少得可怜。作为佛山最有影响力的武术家之一，林世荣一生授徒过万、门人无数，广州武林各派名家，罕有其匹。尤以其弟子门人邓二、关坤、谭就、孔纪南四人最负盛名，有"虎鹤四大金刚"之誉。

邓二眼疾手快，尤擅铁扇、单双虎爪，独得"佛山无影脚"秘传，民间有"铁扇邓二""虎爪二"之谓，颇见其侠客之风。关坤人高马大，心宽体胖，生性豪爽，好酒喜肉，平日里最爱舞弄一把铁尺，江湖人称"铁尺关坤"。谭就生得眉清目秀，一副文绉绉落第秀才模样，却最好打抱不平，他以善使两条软鞭出名，在武林界地位颇高。孔纪南善耍虎尾棍，平日里棍不离手，一副景阳冈武松打虎装扮，他曾在西关黄沙鱼栏及河南码头任武术教头，后因支持农民协会而惨遭罗岗土豪劣绅施毒暗害，令人扼腕叹息。坊间关于邓、关、谭、孔的传说故事还有不少，只可惜年长日久，都已湮灭于荒烟野草之中。

佛山武术流派众多。蔡李佛拳内容丰富，套路繁多，手法着重攻防配合，步法灵活而稳健。蔡李佛拳的创始人陈享祖籍新会，蔡李佛的祖师堂就设在新会京梅乡。当年在美国旧金山中国城有个叫基利士的当地恶霸，恃强欺凌中国华侨，当地政府视而不见，无视华人华侨利益。愤怒的华侨们以当地中国公馆的名义聘请陈享为他们主持公道。

陈享到了金山大埠后，首先和心静气跟基利士谈判，意欲动之以情晓之以理，让他跟当地华侨道歉。但基利士根本不予理会。基利士自恃练过武功，竟厚颜无耻地提出要跟陈享公开比武，若是基利士输了，就向华侨赔罪，倘是他赢了，则双方各安天命。

陈享知道，不给他点教训，将来他还会继续欺凌华人华侨，于是与基利士签下生死文书。比武中，二人你来我往十余回合，最后基利士被陈享揍得七荤八素，只得认输求饶，围观的中国华侨一个个拍手称快。

基利士不得不遵守约定，向被他欺负过的当地华人华侨认错。中华武术因此威震海外。美国旧金山当地土著再也无人敢欺负华人华侨了。

洪拳属于中国传统拳术，是南派武术的代表之一，与刘、李、蔡、莫并称为广东五大名拳。关于洪拳起源坊间有三种说法，但最靠谱的是源于少林派之说。洪拳在佛山民间流传很广，其拳势威猛，刚劲有力。洪拳是南拳中最负盛名、门徒最多却又最命途多舛的一个拳种。

洪拳门人颇有家国情怀，无论是在清初反清复明，还是在清末反抗西方列强中，他们都冲锋在前，无所畏惧。正因如此，它也就成为当初清政府和后来的帝国主义列强重要的打击对象。

洪拳并非单一拳种，而是一个武术流派。洪拳表现出来的风格，硬桥硬马，步稳势烈，气势威猛，刚劲有力，发力有声。

清末，广东有十位武艺高强、品格一流的武林怪杰，被世人称为"广东十虎"。这"十虎"为王隐林、黄澄可、苏黑虎、黄麒英、周泰、谭济筠、黎仁超、陈铁志、苏灿、梁坤。十人都是一等一的高手，其中不少人都有着传奇的身世故事，以至于当今的电视剧及电影有不少都以他们的习武经历和生平故事作为题材。1990年，"广东十虎"的故事更是被有远见的导演拍成电视剧搬上银屏，深受观众欢迎。"广东十虎"嫉恶如仇的故事，在珠江三角洲家喻户晓。"十虎"当中，就有梁坤和王隐林两人是洪拳代表，黄麒英是著名武术家、洪拳大师兼中医外科名家黄飞鸿（1856—1925）的父亲，早年也曾跟随洪拳大师陆阿采练过洪拳，但他是以"虎鹤双形拳"闻名武林的，勉强也算洪拳代表。这样一来，广东"十虎"，洪拳代表就占了三位，不能不说洪拳的影响力太大了。

洪拳是佛山重要拳种，刚猛实用，在广东尤为流行。佛山不少爱武之人都练过洪拳。有成就的洪拳武术家和代表性人物有：铁桥三（梁坤）、陆亚采、王隐林、黄飞鸿、林世荣等人。

坊间对广东洪拳作了归纳，按地域分为前期、中期、后期三个时期。洪拳前期以花县为主要代表，其武功主要表现为沉实浑厚，发招刚健，讲究劲力；洪拳中期以湛江为主要代表，其武功讲究形头功夫，鹅头肘底；洪拳后期以广州为代表，其武功稳健威猛，以刚为主，刚柔结合。洪拳后期在广州、佛山等地的兴盛，与黄飞鸿授徒传播大有关系。

黄飞鸿是洪拳大师，名气胜于其父黄麒英。可以说，洪拳最主要的代表人物就是声闻海内外的黄飞鸿。

16岁时，黄飞鸿即在广州西关第七甫水脚开设武馆，中年时在仁安街开设"宝芝林"医馆，门下弟子众多，为名重一时的武术家。他先后被记名提督吴全美、刘永福聘为军医官、技击总教习及广东民团总教练，并随刘永福在台湾抗击日军。

黄飞鸿纵横武坛数十年，对洪拳的普及和振兴起到了重要的作用，门下弟子中亦不乏出类拔萃的武术家。林世荣随黄飞鸿学武20年，先后在广州、香港、南海等地设馆授徒，并于20世纪30年代起公开出版《工字伏虎拳》等拳谱，产生了较大的影响。黄飞鸿夫人莫桂兰在黄飞鸿去世后，在广州、香港设馆，传授黄飞鸿的武艺。邓义、邓芳在广州带河基设馆多年，门徒众多。

黄飞鸿的拳术和狮艺，特别是虎鹤双形拳、铁线拳、工字伏虎拳、五郎八卦棍等，通过其传人的大力推广，成为世界著名的功夫流派。而今，广东、香港、台湾以至新加坡、马来西亚、欧洲、美洲等地，都有黄飞鸿的拳术和狮艺流传，影响日益扩大。有300多年历史的洪拳确实是"地不分南北，人不分老幼"的流行拳种。

时至今日，广佛地区的民间庆典上常见狮艺和洪拳表演，热闹之余，亦可看出表演者的功底。这些表演者大多自称系黄飞鸿传人，姑且不论其言可信度有几分，单凭大家都打着黄飞鸿的旗号，也可证明黄飞鸿对洪拳的推广应用影响深远。

时光回溯到1919年4月9日的下午，广东精武体育会在广州海珠戏院举行成立大会，精武会一众武师当天作了现场表演，武术界其他流派的名家也纷纷前来献艺助阵。其中，黄飞鸿表演了飞铊，其门徒"猪肉荣"（林世荣）则表演了双软鞭。这是有史可查的真实事件，也是黄飞鸿、林世荣师徒在"大场合"公开献艺的实证，他们都是洪拳的代表性人物。这说明洪拳的地位彼时已经得到社会各界的广泛认可。

洪拳源于少林，是有一定事实根据的。当年少林寺的至善禅师在广州海幢寺将洪拳传给得意弟子陆阿采。后来，陆阿采又将武技传给佛山的黄泰，再后来，黄泰又将之传给他的儿子黄麒英。

洪拳大师黄飞鸿1856年出生于南海县简村堡禄舟村，是地地道道的佛山人。在广东，他是拥有极佳口碑的著名武术家，同时也是广州西关妇孺皆知的跌打伤科名医。

清末民初，中国历史风云激荡，内忧外患接踵而至。国运衰微，苦难的中国人民饱受屈辱。著名武术家黄飞鸿就是在这样的历史背景下成长起来的武林高手。

黄飞鸿三岁开始随父习武，七八岁时便随父闯荡江湖，卖艺为生。天资聪颖的黄飞鸿练就了一身好武功，十八般武艺样样精通，尤以洪拳著称。他开设的"宝芝林跌打医馆"更是远近闻名。至今，该名号已有百余年的历史。

清光绪年间，年迈的黄麒英偶感风寒后，竟一病不起，临终前，他给儿子黄飞鸿留下遗嘱："以拳谋生，容易结怨；以医为业，可得善缘。爹

以"宝芝林"为名的商店

死之后,你应关停武馆,转设医馆,一则为人疗伤,二来可以营生。"黄飞鸿含泪点头应允,其父乃闭目辞世。

办完父亲丧事之后,黄飞鸿遵父遗嘱,于1886年关停了父子经营近20年的武馆,之后在广州西关仁安街设立"宝芝林跌打医馆",为远近街坊邻里和有需要的人提供跌打疗伤服务。赚些微薄收入,聊以度日。

相传"宝芝林"一名源于清末民初书法家、学者伍铨萃所题赠的对联:"宝剑腾霄汉,芝花遍上林。"伍荃萃是广东新会人,光绪十八年(1892)壬辰科进士出身,精通中医,曾创办广东广汉专门学校,并任校长。光绪二十七年(1901),充广西副考官,后为湖北郧阳知府,算个不大不小的官员。黄飞鸿与之友善,彼此时相过从。于是,黄飞鸿取两联首字和下联尾字命名自己的医馆。

从医之后,黄飞鸿日夕研磨,医术由是日精。考虑到将来的发展,他决定参考佛山一些百年药铺的做法，开始研制"通脉丹"等丸散进行出售。

佛山本来就是全国著名的中医药之乡，百年老店制作各种丹丸散者比比皆是，广受民众喜爱。受此启发，黄飞鸿也研制了自己配方的特效"宝芝林通脉丹"和"宝芝林伤科跌打酒"，这些经济实惠的药品一经投放市场，即受到街坊邻里的欢迎与热捧。黄飞鸿研制的跌打药酒非常出名，该药酒对活血散瘀、消肿止痛能奏奇效，适用于各种跌打肿痛等症，为黄飞鸿和他的宝芝林跌打医馆赢得不俗的声誉。黄飞鸿也不是吝啬之人，他还向社会公开了其跌打药酒泡浸和防暑凉茶的验方，方便人们依方炮制，被传为黄飞鸿"宝芝林跌打医馆"博爱众生的杏林佳话。

黄飞鸿宝芝林出品的药品，尤以通脉丹最为有名。由于该药疗效显著，使用方便，价钱合理，不仅畅销广州、香港、澳门及岭南地区，还通过海上丝绸之路远销东南亚各国。虽然年长日久之后，其"通脉丹"配方最终没有流传下来，然则近代医师梁达所收集的"通脉丹"配方，想必与黄飞鸿当年的"通脉丹"配方有异曲同工之妙。

黄飞鸿与周雄光、李锦全、苏乞儿，当时并称广东跌打名医"四大门槛"，这"门槛"颇有"天花板"的意味。当然也有人说黄飞鸿是按其父黄麒英留下的药方自制"通脉丹""大力丸""少林还生正脉散"的，但遍翻医界史料鲜见有关他药方医术方面的记载。这不能不说是一种莫大的遗憾了。

佛山男儿多奇志，武林不乏传灯人。黄飞鸿最堪赞誉的，莫过于他曾随抗法名将刘永福参加中日甲午战争驻守台南抗击倭寇那段峥嵘岁月。在此期间，黄飞鸿还为刘永福做过短暂"军医"。

清光绪十四年（1888），刘永福率黑旗军驻防广东。有一次，他不小心从马背上坠落下来，导致髋关节脱位，一时疼痛难忍。刘将军嘱手下将黄飞鸿延请至中军帐为他疗伤。黄飞鸿大步流星来到刘将军跟前，取出"宝芝林通脉丹"和"宝芝林伤科跌打酒"，施以正骨手法，最终将刘永福的髋关节顺利复位。

伤愈之后，刘永福以厚礼聘请黄飞鸿为军中技击教练，并亲书"医艺精通"四字牌匾赠予黄飞鸿。看着笔力雄健的牌匾，黄飞鸿喜爱有加，遂将之悬于西关仁安街宝芝林医馆醒目位置，四方患者见此，来宝芝林疗伤者络绎不绝。

广东光复之初，刘永福任广东民团局总长时，还专门聘请黄飞鸿担任民团总教练。不久后刘永福辞职回广西老家，而黄飞鸿则回到宝芝林重操旧业。回到宝芝林的黄飞鸿从此不再收徒。

可惜的是，1924年10月，宝芝林医馆在广州商团之乱时被毁于火灾。面对资财尽毁的巨大打击，看着半生心血化灰，黄飞鸿忧郁成疾，不幸于次年农历三月廿五日在城西方便医院（今广州市第一人民医院）谢世。一代武术名家、武医圣手就此作别人世。

黄飞鸿门人弟子无数，其中最为出名的有凌云阶、梁宽、林世荣、莫桂兰、邓秀琼、邓方、李灿窝、黄汉熙、黄源等人。林世荣是众多弟子中成就最大的一个，这也算是对师父的告慰了。

自1933年黄飞鸿徒孙朱愚斋编著出版《黄飞鸿别传》起至今，以黄飞鸿为题材的武打影视剧、粤剧、动漫、说书、小说可谓汗牛充栋，不一而足。其中影视剧就超过100部，为宣扬中华武术精神、增加佛山的美誉度和中国功夫电影的崛起做出了巨大的贡献，也成就了世界电影史的不朽神话。不同时期的黄飞鸿题材电影，描述了一系列感人的故事，刻画出黄飞鸿行侠仗义、扶危济困，仁者无敌的艺术形象，深受广大群众喜爱。

如今，在黄飞鸿的老家佛山南海西樵更是建起了黄飞鸿纪念馆，以缅怀这位武林名家的传奇一生。佛山政府筹建的佛山黄飞鸿纪念馆于2001

黄飞鸿纪念馆

年1月在祖庙落成开放,参观瞻仰者不计其数。至于黄飞鸿医学传人,则未见任何有价值的记载。

从"黄飞鸿医馆"到黄飞鸿纪念馆,人们可以了解一代武林宗师黄飞鸿的传奇一生,这不仅体现了黄飞鸿在武术界的崇高地位和他在佛山中医药历史上所作的杰出贡献,同时也表达了家乡人民对他的爱戴与缅怀之情。

FOSHAN
THE BIOGRAPHY

佛山 传

第八章 汾江风雨连『海丝』

禅城最灵动的部位

奔流不息的河流无疑是一个城市最灵动的部分。佛山的汾江河原名分江河,是佛山人的母亲河。汾江流到正埠码头前,分开西北江两支流,形成三江汇流的格局。勤劳善良的佛山人凡事喜欢讲究好意头,"分"在汉语中有"分离""分手"等意,他们认为意头欠佳,遂将"分"改为"汾",既有"水为财"的寓意在焉,又巧妙避开了各种歧义,可谓一举两得,妙境横生。这就是"汾江河"名字的前世今生。

地利人和的佛山居广州上游,一条少女般宁静的汾江河,像轻摇的纤纤玉手平放在佛山大地上,其北向支流是西江和北江经佛山通往广州的唯一水道,东向支流经镇南的栅下及南海、顺德等地。于此层台缓步,登高远眺,即可饱览三江汇流之壮观景象,令人顿生登高必赋的诗意境界。

汾江河是一条充满生机活力的河流,她既是滋哺佛山的文化源头,也是佛山历史上最负盛名的"财富之河",谓之佛山的"生命之河"再贴切不过了。历史上的汾江河是北方水路到广州的必经之地。如此举足轻重的水路要冲,使得川广云贵等省的各种货物,必借佛山汾江水路拜完码头,礼完佛之后,再转输南北各省。

史载,清道光年间,流通于佛山市场的南北商品琳琅满目,种类达

佛山平胜大桥河岸风景

二三百种之多。佛山张开热情的臂膀拥抱天下,广纳东西南北财。佛山的不少街巷都以行业命名,既开放包容,也便于营商环境的打造。比如布巷、花衫巷、铸犁街、牛肉巷等等。各地商贾精通发财之道,他们瞅准商机,争相到佛山设立会馆,建设中转站,开办贸易行,以佛山为落脚点,经年累月,开展商贸活动。彼时的佛山镇热闹非凡,山陕会馆、江西会馆、浙江会馆、福建会馆、海南会馆、潮梅会馆、楚南会馆、楚北会馆等等,遍布古镇,形成"三圩六市九头八尾十三沙二十八铺"的商业中心。他们与勤劳好客的佛山人一道,激活古镇生机,以各种营生源源不断创造财富,发家置业,建设佛山。

依托灵性汾江河,古佛山镇很快就成为彼时中国南北贸易和商品集散中心。为佛山早期发展打下了坚实的基础。

佛山的非遗如粤剧、陶艺、武术等民间文化之所以能名扬天下、享誉中外，与汾江河的默默奉献有着密不可分的关系。汾江河当时的重要作用可想而知。

汾江通衢流四海，佛山美名满五洲。

沧海桑田，时移世易。有谁知道，汾江河上穿越春花秋月的红船客舟，载走了多少跌宕起伏的音符与往日繁华？汾江河畔的水上关帝庙曾见证过人世间多少的爱恨情仇与花开花落？

春风送暖杨柳绿，一年好景君须记。阳春三月的佛山城北，含情脉脉的汾江河羞涩地穿城而过，那婀娜的腰身蜿蜒出迷人的曲线，端庄自信里散发着诱人的文化气息。

对于这条流淌着财富的"文化之流"，不同朝代的佛山人有着各自不同的认知。汾江河既古老又年轻，她携手900余岁的祖庙、1500余岁的南风古灶龙窑，静静地见证着佛山这方神奇土地上的每一个日出日落和每一次秋收冬藏。古老汾江带给佛山人的清澈印象，永远是那潋滟波光下的一脉清流。

明清仍属农耕时代，交通不发达，但因为有汾江河的加持，佛山手工业已逐步发展到相当高的程度，大大小小商行店铺数以百计，其中，最令佛山人骄傲的冶铁、纺织、制陶三大行业，更是逐渐做大，成为古佛山镇的经济支柱。

在佛山历史发展的漫长历程中，汾江河像个忠贞的恋人，一直不离不弃地守护着佛山大地的朝朝暮暮春花秋月，扮演着不可或缺的重要角色。

能工巧匠"佛山造"

明清时代佛山铸造的大铁钟等器物不在少数,绝大多数分布于沿西江流域的罗定、封开、郁南和广西贺江流域的苍梧、贺县、钟山、富村等县份。这一现象充分表明,佛山本地手工产品的市场流通,同样离不开佛山"物流大动脉"汾江河。据康熙年间《修灵应祠记》描述,当时汾江河"舸舶之停泊者鳞砌蚁附,中流行舟之道至不盈数武,桡楫交击,争腾沸喧,声越四五里"。这一描写极为形象地道出了汾江河上的繁忙景象。佛山手工业、工商业的发展确实要感谢汾江河所做的贡献。

佛山历史就是一部岭南社会经济发展史,也是早期中国岭南一部海上丝绸之路贸易发展史和海洋文明进步史。佛山的铁器冶炼文化在明代就很勃兴。明诗人屈大均说"佛山之冶遍天下",佛山生产的铁制品声名远播,不仅遍及全国,还曾远销海外。佛山生产的铁器种类驳杂,既有礼制祭祀宗教类的钟鼎,也不乏朝廷军队用的各种军器、农家用的农具及各种日常生活用的铁器品。彼时的广州府南海县佛山镇(今广东佛山)是铁器冶炼和集散地之一。

冶铸业是佛山古代最悠久、最重要的手工业之一。15世纪初,佛山铁冶已在史籍中有所记载。至明成化、弘治之际,佛山居民大都以铁冶为

佛山夜色

业。由于西江和北江流经佛山，水上运输非常便利。广东各地采炼的生铁顺江而下，经汾江河贩运到佛山镇铸成熟铁锭及其他铁制品。据崇祯八年（1635）有关佛山打造铁器行业的官府告示所记，当时的佛山炒铸行业有铸锅、铸铁灶、炒炼熟铁打造军器、打拔铁线、打造铁锁、打造农具杂器和铁钉等。佛山铁器远销海内外。

"盖天下产铁之区，莫良于粤，而冶铁之工，莫良于佛山"。佛山炒铁业、铸钉业、五金业生产共24行，刀、剪、钉、斧、凿、锁、针等数十个品种，方、圆、扁、角样样齐全。佛山冶铁铸造手工作坊之多，产品之丰富曾一度超过广州。其时形成了白金街、打锡街、凿石街、铸砧街、铸犁街、铁香炉街、绒线街、风箱巷等以行业命名的街巷，出现了"春风走马满街红，打铁炉过接打铜"的盛况。

"国之大事，在祀与戎"。明崇祯五年（1632），朝廷在广东"装造五大战船"，需使用大量铁钉。佛山铁钉行蠹带着官差沿村诈索，强行"取办"，搅得炒铸各行业鸡飞狗跳不遑宁处。官府的这一掠夺恶行引起佛山炉户的坚决反抗，严重损害了佛山民间铁冶业的发展。明天启二年（1622）发生了炒铸七行工匠的反抗斗争，明崇祯六年（1633）发生了耳锅匠、锯柴及诸炉户反抗事件。佛山辉煌冶铁史能留到今天的痕迹，主要有大炮和钟鼎。及至清代，佛山仍是岭南地区较为重要的铁冶生产地。

历史文化老街新安街藏着一座具有400年历史的国公古庙。该庙始建于明代，是佛山炒铁业祭祀祖师的重要场所，也是佛山现存唯一的古代手工行业的师傅庙。相传唐代开国元勋、鄂国公尉迟敬德原是个铁匠，后来被人们奉为打铁行业的祖师爷，国公古庙门口的对联"夺矟宣威传武烈，范金垂法仰神工。"极言对尉迟敬德这位祖师爷的褒扬。据老者回忆，国公庙前原有的大戏台及大地堂，主要是供酬神演戏用的。

明清时佛山所产的铁锅坚固耐用，工艺精良，品相尤佳，被誉"广锅"或"粤锅"。明清两代"贡锅"的采办均在佛山，证明"佛山造"确实招人青睐。"广锅"佛山造在明清时可谓红极一时，"佛山造"从汾江装船出发，随郑和下西洋的船队和海上丝绸之路商贸活动，走俏海外，行销一时。细心的读者也许还记得这么个情节，影响中国文学史的四大名著之一《西游记》里的孙悟空吓唬妖怪时，都拿"佛山造"来壮色助威："看俺老孙拿广锅把你这妖怪煮成杂碎！"

煮妖怪当然是戏说，但当年珠三角制糖业和丝织业如此发达，两个行业所需的煮糖和煮茧用的特大锅，的确都是如假包换的"佛山造"。

"广锅"佛山造展示的确是一部硬朗的明清佛山冶铁史。不少人瞻仰过虎门炮台和威远炮台，还记得那百十门威武的黑色大炮吗？说到底这些镇国神器都是从汾江河装船运抵虎门的。那些威武霸气的铁家伙，就是佛山铸铁匠人们最为硬气的代表作。

汾水潋滟忆名伶

文化是一个时代的重要印记。文脉与国脉相牵，文运与国运相连。

"财富之河"汾江河其实也是佛山妥妥的"文化之河"。

汾江编玉带，曲水终入海。随着佛山手工业、工商业经济的发展，明清时期，佛山的民间文化也逐渐活跃繁盛起来。其中最具代表性的佛山民间文化就是粤剧和武术。所谓"文武之道，一张一弛"，用来形容粤剧和武术再贴切不过了。可以说两者的发展勃兴，同样与汾江河有着密不可分的关系。佛山是岭南文化发祥地，而粤剧的萌芽成长地正是佛山。

据专家考证，300多年前的明朝万历年间，佛山已有本地粤剧班，以及由此联合组成的首个粤剧伶人团体——琼花会馆。琼花会馆依水而建于汾江河大基尾河边，地理位置相当优越和考究，这里是各地自汾江上游驶来的船只进入佛山的必经之道，数百米长的沿河岸地带，云集了佛山当时最为著名的商业区——汾水铺。外地人与佛山人杂居共处，共同打造出一个极为优越便利的营商环境。当时的粤剧伶人之所以被称为"红船子弟"，是因为他们"终岁居舸中，以赴各乡之招，不得休息"。

四围皆"海"的佛山，水道纵横交错、四通八达，彼时的坡山、三洲

佛山粤剧大观园

圩、河清、古劳、庄步、紫洞、大富、下窖及西南各处，均有横水渡，接戏后的粤剧伶人驾红船"画舫"从汾江河开拔，到各地巡回"唱大戏"。据说清雍正年间，北京名伶张五犯事后逃亡来粤，日夕寄居于大基尾的一艘红船上，深居简出有年，待风头过后，他耐不住"戏虫子"的时相叮咬，遂浓妆艳抹以京戏昆曲授诸佛山红船子弟。张五十八般武艺样样精通，诗词文采也相当了得。文武双全如他，器宇轩昂，一表人才，演唱俱妙，他的武技以少林为宗，兼及各门派。为了传承京戏昆曲，他主动将南派武术熔铸一炉，日授弟子少林拳法，这被普遍看作是粤剧南派武术的起源。

清咸丰年间，佛山爆发震惊中外的陈开起义，也称"红巾军起义"。1854年7月5日，佛山人陈开率众在南海县佛山镇起义。陈开的"红巾军起义"与元末明初韩山童、刘福通所领导的"红巾军起义"是两个不同

佛山是岭南文化发祥地,是中国曲艺之乡。

的历史事件。佛山"红巾军起义"领导者为广东天地会首领陈开和粤剧名伶李文茂,起义军的主力正是终日泛舟汾江河上的数千名身怀武功的红船子弟,这其中有不少就是名伶张五的徒子徒孙。

"竹枝词里"的"佛山八景"

佛山人是浪漫的，凡事喜欢图个好意头。"八"者，"发"也，取的是"发"的谐音，"发"者，"发达"之谓也。

看，这是多美的寓意！人文毓秀的古佛山镇在明清两代都曾评选过"八景"，其中数汾江河边的"清代八景"最为有名，流传也最为持久、广泛。"东林拥翠""庆真楼观""塔坡牧唱""冈心烟市""南浦客舟""孤村铸炼""村尾垂虹""汾江古渡"作为清代佛山八景，很是有名，在《民国忠义乡志》上都有记载。而八景中的"庆真楼观""冈心烟市""南浦客舟""村尾垂虹""汾江古渡"五个景点，都与佛山人心中的"海"有关，与佛山人心中的"母亲河"汾江河有关。这些四时佳景有一个共同特色，就是"临水"得景，因"海"而名，或成景于美丽的汾江河畔，或生色于悠悠汾江的支流岸边。

汾江河的迷人魅力，由此可见一斑。

清代佛山八景中的"冈心烟市"位于三穴冈上，民国版《佛山忠义乡志》记载，其遗址在今福贤路尾纪纲街口。明代三穴冈脚在汾江河主流河岸，彼时居仁里的出口位于上落埠头。不少外地来佛山谋生的人和居仁里附近的居民，曾在冈上设有夜市，夜市如昼，灯火通明，通宵达旦，烟火

佛山迎春花市

味十足。人声鼎沸的夜市，粮食和各种日用品、各种佛山美食应有尽有。遇着夜雾晨曦，更是朦胧如幻，有文化、懂诗意的佛山人因此称之为"冈心烟市"。

而八景中的"南浦客舟"则在当时的南浦乡大桥头前，据载，其遗址就在现岭南大道一带。当时这一带为洛水（佛山涌），每年端午节，这一带可赛龙船，其热闹程度可想而知。每逢夏季，各界士女也会到此买舟游河、嬉戏避暑，文人墨客三五知己更是雇下画舫，边喝小酒边论文作诗，其乐融融，非笔墨所能言宣。遥想当年舟舫来往之盛，心情为之快慰。只是如今大部分河涌都已被覆盖，当年颇有诗意的一景，也只能大材小用，化为下水道了。想想都有些令人扼腕叹息。

"村尾垂虹"位于村尾南济观音庙前,当年清澈见底的洛水涌,一直汩汩流淌至通济桥下,涌里鱼儿嬉戏,水草招摇。通济桥是一座既长又大的石拱桥,十分牢固,每逢朝阳升起或夕阳西下,醉人日光照在石拱桥上,倒影入河,水波涟漪,如天垂长虹,七色霞光荡漾于水面,诗意顿生,取名"村尾垂虹"至为贴切。石拱桥的遗址在金普澜公路出口处,如今再也不复当年景象,人们只能在闭目想象中穿越时光隧道,梦回当年之盛了。

"汾流古渡"位于汾水铺正埠码头一带,即现南堤永安路尾正埠码头之地。正埠码头是清代佛山镇最为重要的水上门户,为官方码头和商贸码头,其繁忙景象想可知也。此处三江汇流,上游罗定、封开、郁南和广西贺江流域两岸的苍梧、贺县、钟山、富村等县的往来船渡络绎不绝,商贾云集,喧闹如市。

春到南堤湾

正埠码头对岸，江右侧设有广州府税馆，旁边建有水上关帝庙，收税的、上香的、做买卖的各色人等云集于此，自然就成了繁华喧闹之地。江左侧则有粤海关税馆，码头之上有"勅赐忠义乡"大型牌坊和接官亭，这些建筑凑在一起，形成古镇佛山重要的门户观瞻，历代文人雅士在此留下不少名篇佳句。

信手从民国版《佛山忠义乡志》艺文志中摘录几句，又或许找出清代佛山本土诗人岑澂的《汾江竹枝词》和冯雨田的《佛山竹枝词》来读读，就能读出其中韵味，品味到当年"汾流古渡"的秀美景色、独特的民风和繁盛的商贸状况。

在众多吟咏佛山风土人情的竹枝词中，以佛山人冯雨田所著的《佛山竹枝词》内容最为全面。此书在各类方志、艺文志中未见有著录，《广州大典》中也没有收录。查全国古籍普查登记基本数据库，只有佛山市图书馆和东莞图书馆各藏有一部，均为清光绪三十年（1904）刻本。此外，2009年广东教育出版社出版的《广东竹枝词》将冯雨田的竹枝词收进其中。可见其存世稀少，较为难得。

猜想其作者冯雨田，极有可能是个名不见经传的民间诗歌爱好者，因为在各种史料中都难以找到关于他的记载。查阅民国《佛山忠义乡志》，发现其序言作者林相棠乃清末贡生，也没甚名气。另外，该书卷末有"鹤园冯鸣盛堂珍藏"牌记，冯鸣盛堂应该是冯氏的堂号，祖居佛山鹤园。由此可见冯雨田是生活在清末时期的佛山本地人。

佛山市图书馆所藏的冯雨田撰著《佛山竹枝词》一卷，共收录冯雨田个人创作的竹枝词194首，所吟咏的内容涉及了当时佛山的社会生活、山川风景、婚丧嫁娶、生产劳作等各个方面，蕴藏丰富，可以说道尽了佛山的市井百态。该书以不同于官修方志的单个文人视角，为我们展现了一个鲜活的清代佛山社会图景，不仅是佛山辉煌文学的重要组成部分，也是全面记录了清末佛山的社会经济情况的重要文献资料，对研究佛山历史文化具有重要参考价值。

冯雨田《佛山竹枝词》正文前有林相棠写于清光绪三十年（1904）的序言："诗以三百篇为宗，至唐而称盛。凡言情绘景，各已登峰造极，后人何用蹈其蹊径？惟竹枝词一格，描写方言谚语，风土人情，于天趣性灵，兼而有之，洵足别开生面。冯雨田，予之吟友，著诗集中有《佛山竹枝词》数百首，寄寓箴讽，劝亟梓之。庶人心世道，或有小补焉矣。"

猜想，林相棠乃冯雨田好友，文学造诣应该在冯之上，故冯请他作序。

林序指出，冯雨田诗集涉及佛山的风土人情等方方面面，既有描写佛山名胜古迹的《八景》诗，也有展现佛山节气风俗的《月令》篇什。而诗歌中所涉及的人物形象，既有替人补衣的村妇，也有富家小姐和佛山忠义二十二老，还有叫卖的疍家女、路边的醉鬼等等，可谓别开生面，甚有可观之处。可以看出，这位佛山诗人冯雨田热爱生活，关注佛山。他的这本竹枝词，道尽了清代佛山人别具地域特色的生活场景、性格特征。清代佛山人的日常生活，喜怒哀乐溢于言表。

明清时期不少佛山文人运用竹枝词来咏叹家乡风物，表达对佛山的热爱之情。清代佛山本土诗人岑澂的《汾江竹枝词》，"柚灯如昼妒垣娥，丝竹沿街按节歌。纸马莲舟都入画，果然秋色比春多"，就生动地描绘了佛山民俗活动的绚丽多彩与热闹非凡，对汾江河的热闹景象也不吝笔墨，多有呈现。

佛山自明清以来，水路因为有汾江河加持，交通十分便利。四方辐辏商业繁荣之地，手工业人员与各类其他人等杂处一起，他们的爱恨情仇、喜怒哀乐，共同孕育了佛山独特的风土人情。这些风土人情载于篇籍，流传至今，成为佛山文化不可或缺的源泉。事实上，在记载有佛山风俗习尚的各类文献中，竹枝词可以说是内涵最为生动丰富、最具特色的一种诗歌文献。

南海人梁序镛，字云门，嘉庆庚申举人，丁丑进士，是清代小有名气的佛山诗人，不仅写过《佛山赋》，还著有《训堂文集》《训堂遗集》等诗文集。记得他也写过一首《汾江竹枝词》，"梨园歌舞赛繁华，一带红船泊晚沙。但到年年天贶节，万人围住看琼花"，诗中对粤曲和汾江河上的"红船子弟"多有描写，十分难得。

明清时代，因为有汾江河的存在，佛山人是有福的。当时中外客商到佛山经商讨生活、采购货物，多在汾江河登岸。即便是来佛山的各级官吏也无不在汾江河边迎来送往。日夜船渡此来彼往，热闹非凡，乘客小舟络绎不绝，遂成"汾流古渡"。好一幅《汾江上河图》，真的让人浮想联翩。

庆真楼高扬"孝德"

佛山人自古就崇尚孝道,"孝"文化是根植于佛山人血脉的一种基因,在佛山人心目中占有很高的位置。古佛山八景中,楼高二层的"庆真楼观"据说是佛山当时第一高楼。其最初的建筑意图就是为弘扬孝道而建的。

庆真楼建于清嘉庆元年(1796),距今已有227年历史。当时的人们随兴登楼而眺,古镇全貌一览无遗。

庆真楼历尽沧桑饱经劫难,至今犹巍然屹立,虽然破旧不堪,但旧貌大致可观。庆真楼保存在如今的祖庙里,成为人们游览祖庙时必入内一观的重要一景。庆真楼当年实际位置就在当时的汾江河支流洛水岸边(即今祖庙路)。

说起庆真楼的建造,有一段"古"要讲。

我国自春秋战国以来都宣扬"孝德","孝德"在儒道等经典中占有不小位置。可以说"孝文化"对中国社会的影响是非常大的,以至于后来道教中的"北帝崇拜"亦深受其影响。

玄武是中国古代神话中的雨神,玄武大帝的生父母亦被尊称为"圣父圣母"。玄武实际上是一种由龟和蛇组合成的灵物,屈原《楚辞·远游》

汉代玄武瓦当

中视之为神兽,是我国古代神话中的天之四灵之一。司马迁《史记·天官书》、东晋葛洪《抱朴子》、东汉魏伯阳《周易参同契》、南朝《后汉书·王梁传》、清朝屈大均《广东新语》虽各有说法,但意思大抵相同。

玄武大帝的道场在湖北武当山,故武汉隔江相持有龟山和蛇山。中国古代神话文化中的四大神兽是青龙、白虎、朱雀、玄武四兽,中国传统文化中以此"四兽"为"四象",分别代表东西南北四个方向。玄武别名玄冥、龟蛇,它源于远古星宿崇拜,是指二十八宿按东南西北分为四象中的北方玄武七宿。

北方玄武在八卦中为坎卦,在五行中主水,象征四象中的老阴,四季中的冬季,同时也是天之北陆。玄武的本意就是玄冥,在古音中"武""冥"是相通的。"玄"是黑的意思,"冥"乃阴意。

从历史渊源考察,原始社会时,玄武起源于对古代动物图腾崇拜。无论龟、蛇,抑或神鹿,其原形都是动物。而在所谓动物崇拜说中,仍然认为玄武是龟蛇的合体。人们认为龟、蛇崇拜分别起源于南方和北方。新石器晚期,在黄河下游山东地区开始合流为龟蛇合体的玄武形象,或者说玄武的来源应从殷墟龟卜的角度去追溯。传说中的玄武既长寿又通阴阳,可以自由通行于阴阳两界。道教对之极为推崇,甚至将玄武人格化为"真武大帝"加以崇拜。

古人思接千载,他们认为龟卜的意义是寄望于龟的灵魂到冥界去就吉凶等问题询问先祖,然后将或好或坏的结果带回凡间,以卜兆的形式显示给世人。古人认为,先祖死后居住于冥界,而龟的"亚"字形腹甲既可以代表大地,也可以代表"冥"。因此,神龟就有了"玄冥"的称谓。这可真是太绝妙了。

据史载,夏朝时,玄冥的直接来源就是大禹的父母鲧、修己夫妇的象征借用,其远源则应追溯到古印度和西亚神话中。我国著名民俗学家、历史学家孙作云认为,玄武源于北方神禺强,其形为龟,后演变为鲧,为鳖氏族酋长,死后化为三足鳖,鳖因此成为其氏族的图腾。大禹的母亲名"修巳"(或作己),在古代"巳"与"蛇"是同字,修巳即"修蛇"。

后来,玄帝崇拜大为盛行,其年代大体与儒家程朱理学的流布属于同一时期。

道教在宋代尤其推崇"孝"。因此道教强调玄帝虽出家修道,却仍不忘父母生身之恩,功成名就,修道飞升之后,父母证仙,荣享褒封。"孝"文化在道教的经典和建筑中均有大量反映。比如道教经典《玄天大帝启圣录》就编写了这样的故事:玄武为净乐国太子,十五岁离家到武当山修行,同时也甚为思念父母。

另外,《玄天大帝启圣录》衍生出的几部经典中,都劝世人要注重孝道,比如《北极真武普慈度世法忏》卷九中,妙行真人说:"修真第九戒,不得不忠不孝。"又如《北极真武佑圣真君礼文》中就有"忠孝仁义如有失，无边罪孽实难逃"。而《真武灵应真君报父母恩重经》中也有类似的说法，"如人父母诞生男女，始相不见，托相为有，有中有相，相化万状，艰难苦恼……，故应从我相中悉灭贪吹，用报始相，使我始相，大得欢乐，悉归无著"。诸如此类，不一而足。归根到底，这些都表现了真武大帝感念父母生养之恩，并劝诫世间为儿女者必须牢记报答养育之恩的劝喻之意。

　　道教不仅在道经中宣扬孝道，而且还在供奉玄武大帝的大殿后面修建了一座"父母殿"，作为弘扬"孝道"的象征，奉祀圣父圣母。这既为表彰玄武大帝的大孝之举，也是劝喻世人必须行"孝道"。武当山的道教宫观无疑是这方面的典范。古佛山人崇尚"孝德"，因此不忘在汾江之流洛水河畔修建了这座具有特殊意义的"庆真楼"。

　　据考证，庆真楼为隆祀北帝父母而敕建。道光版《佛山忠义乡志》卷

祖庙前舞狮

六中说到了兴建庆真楼一事,"灵应祠建庆真楼以祀神之父母";类似的记载还出现在民国版《佛山忠义乡志》卷十一中,"嘉庆元年,修灵应祠,建庆真楼以崇祀帝亲"。其卷八中对庆真楼则有颇为详细的记载,"按粤俗,各庙无论天神、地祇,俱供有圣亲牌,谓之圣父圣母,殊不可解。灵应祠后楼,亦奉圣亲,习俗相沿久矣。然推万物,本乎天之义,星辰丽于天,是天亦星辰之父母也"。

在佛山,隆祀北帝圣亲的习俗无疑具有民间根基,这样一代代相沿成俗,也就成了佛山传统文化之一。为了继承"孝德"文化,佛山文化部门千方百计恢复庆真楼"父母殿"也就在情理之中了。

从《佛山忠义乡志》的两个版本相比较中,人们不难看出,民国版中的讲法似乎要比道光版中的记录更为规范一些,笔触意绪也似乎更见尊敬之意。

不难预见,庆真楼的教化作用与历史意义,必将随着时间的推移而更富内涵。

犹记得庆真楼重修竣工,修旧如旧的"父母楼"重建落成之日,祖庙博物馆凌建馆长曾嘱我务必为该楼撰写一副门联。

老夫不才,诺诺领命后,刮肚搜肠有日,才写出"太极崇孝道,玄武报椿萱"这样的蹩脚联句。但无论怎么看,感觉都不如原联来得端庄得体。其原来联句为:"太极本无极,玄天上有天。"不仅言简意赅,且较为得体。在我的建议下,他们斟酌再三,于是就用回了原联。

除了上述那副对联,如今人们在庆真楼正门还可以看到石柱上刻着的另一副对联:"尊居北极众志尤当敬其所尊,德耀元天帝心还有欲报之德"。这副门联意境妥帖,对仗工整。其大意是告诫世人,即便是位尊居贵、人人膜拜的神灵,也与我们凡人一样,期望能报答父母的恩德。此联旨在劝喻人们要知来处、重孝道,要孝父敬母、慎终追远、不能忘本。这

庆真楼父母殿

些联句对缅怀先祖美德起到教化民众的点题作用，这大抵也是古佛山修建庆真楼的初衷吧。

汾江水道历史悠久，其"母亲河"的品质，代代相续，衍生出了许多有价值的文化遗迹。盘点汾江水道，其沿线的名胜古迹可谓比比皆是，人文资源相当丰富。最具代表性的有历史文化街区1处，文物古迹6处，历史遗址6处，生态风貌村2个。其中，历史文化街区位于中山公园对岸沿线一带，包括汾宁路、升平路等；文物古迹有中山公园、中山桥、精神粮食社旧址、华英中学旧址、王借岗古火山遗址、罗村赛边李公祠等；历史遗迹则包括汾流古渡、正埠码头、粤剧表演场、升平路长兴街、桃李园、燕子滩堤岸等等；当时的生态风貌村则有朗沙和叠北。经过汾江河的桥或道路，从西向东有今季华北路上的沙口大桥、今罗村大道上的兴朗大桥、今禅西大道上的塱沙大桥、今沈海高速广州支线上的汾江大桥、今汾江北路和汾江中路上的汾江桥，以及升平路。

汾江河，多少兴衰史。一座庆真楼，无限夕阳红。

五千年中华文明源远流长。海纳百川，佛山人在祖庙供奉"儒释道"就是中华文化兼容并蓄的重要体现。说到底，汾江河的默默奉献与柔性糅合作用，确实功莫大焉。

终归不复旧繁华

佛山历代不乏各界名人，被誉为中国铁路之父的詹天佑就是其中之一。詹天佑出生于南海，是地地道道的佛山人。他于1905年至1909年主持修建了中国自主设计并建造的第一条铁路——京张铁路。这条铁路因创设了"竖井开凿法"和"人"字形线路而震惊中外。

也就是从那时候起，中国铁路的建设运营逐渐加快，国内开始构建起日益完善的铁路公路交通网络。火车和汽车的速度明显比船只快许多，随着铁路公路方兴未艾，内河的船只运输在经济发展中的地位变得日益式微。1903年，与西江、北江航运相连接的广三铁路正式建成运营。随着佛山火车站的开通，忙碌了数百年的汾江河忽然变得轻松许多，汾江河上繁忙的各色船只放缓了自己匆匆的步履，汾江河的水运似乎已经完成了它的大部分使命。

新中国成立初期，佛山的建制几经分散捏合，始终不变的是汾江河一直忠贞地坚守着老佛山。汾江河上虽说还经常能见到广西、云南等地的大小船只驶往广州，但由于河水变浅，河道变窄，逆流时，船夫们不得不下水沿着河岸人工拉纤才能顺利通过汾江水道。而彼时佛山市民欲往广州办事、游玩，通常都会选择更为快捷的火车或客车作为交通工具。

其后多年，汾江河上虽然两次重新开通去往广州的客舟，但时代流变，人们多了不少选择，航运公司终因客源不足连续亏损而不得不停航。

如今，一些上了年纪的老佛山人记忆中与汾江河有关的故事，大多也只是年少时结伴在汾江河游泳、嬉戏、抓鱼等，所有这些泛黄的儿时往事，实际上已不再是汾江河昔年辉煌时代的历史映像了。

20世纪70年代末80年代初，因特殊历史时期曾一度停滞的市场经济，沐浴着改革开放的春风逐渐复苏。佛山敢为人先的闯劲、冲劲再次爆发，历史上工商业发达的佛山重整行装再出发，他们一马当先，昂首挺胸走在了中国改革开放的前列，使佛山旧貌换新颜。大批工业企业和民营企业异军突起，打开思路，先行先试，赢得了市场发展先机，取得了喜人的经济成果。

詹天佑塑像

此时的汾江河虽然已经不是主要交通要道，但作为一般原材料和普通货物的运输通道，其运输成本较低，还是十分划算且非常便利的。因此，各种经营业主还是选择在汾江河沿岸建厂办企业，汾江河沿岸大大小小的工业企业也日渐增多。由于国家监管力量一时跟不上，一些没有环保意识的投机企业主竟对汾江河进行各种排污，使得汾江河开始了一段长达30年备受凌辱的不堪回首的伤心史。

如今，政府成立专门的"汾江河治理办公室"，力禁污水排放。经过多年整治，汾江河又开始慢慢变清了。不过随着时间的不断推移，汾江河沿岸已不复往日繁华。而后的日子里，佛山的商业中心遂慢慢从汾江河沿岸转移到了升平路，再然后又转移到了祖庙路。

新时代的佛山日新月异，区与区之间的断头路被打通，广佛同城，地铁开通，路通财通，一通百通，佛山的营商环境有了进一步的提升。加之工商业企业的经营模式发生了很大变化，佛山各种门类的商业中心如雨后春笋般不断崛起。

沧海桑田，蓦然回首，古老的佛山已经从汾江河时代，逐步过渡到了东平河时代。但是汾江河与珠江为出口的"海丝"的谱系关系依旧记录着这样一个事实：汾江河是佛山历史、经济、文化永不磨灭的"根"。

FOSHAN
THE BIOGRAPHY

佛山传

一桥风雨话沧桑

第九章

通济天下连心桥

在佛山1000多年的历史中,有一座历经400年风雨的古桥,它就是闻名粤港澳大湾区、声标岭南的通济桥。它是贯通佛山古今的一座历史之桥、精神之桥、幸福之桥,同时也是佛山沟通世界的连心桥。

据相关记录显示,2019年的正月十五至十六这段时间里,从该桥平安通过的人数为79.56万人次,创下该桥通行人数的历史之最。

一座32米长的通济桥,究竟有何神秘之处,让人们在是夜"执意"要在上面走上一遭?全国各地取名为"通济桥"的,少说也有十座八座。比如安徽肥东的通济桥、浙江金华的通济桥、广东潮州的通济桥等等。其中多座通济桥的建筑规模比佛山通济桥要大许多。为什么单单佛山这座小小的通济桥,有此等魅力呢?

这要从一个有趣的"道士遗金"的故事说起。

相传古时候的佛山东面被汾江支流"洛水"隔断,出行极为不便,既影响农业生产,也对手工业和商业发展造成阻碍,严重阻滞了佛山的经济发展。苦于没钱修路建桥,古佛山镇交通、经济和文化都极不发达。老百姓为此苦不堪言。

有一天,洛水岸边来了一位须发飘飘的老道士,口中念念有词:"通

通济桥牌坊

吾困，济吾贫。"老道士来到一处江面比较狭窄的沙滩上，放下一个包袱后，便从水面上飘然而去。江面上留下一道彩虹，横跨两岸，良久乃散。而远处还不断传来"通吾困，济吾贫"的回响。

乡民不解，遂打开道士遗下的包袱，欲一探究竟。包袱打开时，竟是满满一袋金灿灿的黄金。乡民忆及长者离开时的留言，料定必是仙人慈善济世、扶贫通困的献金，遂用这些黄金，在适才彩虹消散处，建起了一座大桥。

桥建好之日，适逢正月十六，乡民们遂将此日视为新生活的开始，并认定此桥为消灾解困、接福纳祥之地。于是，"行通济，无闭翳"的俗语就在民间慢慢流传开来。此即"通济桥"前世的美丽传说。

实际上，通济桥是古佛山镇最古老的一座桥，始建于明代，但具体是何年月修建，却并无确切记载。据说该桥最先是由附近乡民集资修建的，旁边建有南济观音庙和通运社。据考证，其历史至少已超450年，当初只是一座木桥。通济桥位于古佛山镇东南角，是沟通彼时佛山与外部城乡的重要通道。彼时其水路通大沙、弼塘、简村、石肯、奇槎等乡，陆路通大汀、深村、石头、潘村等地，是历史上佛山的主要桥梁之一。佛山人行通济桥的风俗则是佛山桥文化的代表。由于该桥横跨佛山涌，是通往顺德、番禺的必经之路，而且是佛山商贸交流的重要通道。因此，佛山商民在为求来年生意顺境时，便以行通济桥讨好意头。这一做法后渐成习俗，久而久之就衍生出"行通济，无闭翳"这一民谚俗语。

民国版《佛山忠义乡志》上说，清代的佛山镇为洛水所环绕，通济桥横跨洛水河，而实际上洛水只是被佛山人的母亲河——汾江所激活的一条绕镇大河涌而已。当年的佛山古镇沿洛水河共有大大小小20多座桥梁，通济桥是其中最为重要、最为古老的一座桥。如此多的桥勾连四面八方，可以说当时的佛山是"人家尽枕河，居民往来，悉凭渡船和桥"。正因为众多桥梁的存在，才使得古佛山四通八达，成为城与乡、街与市的重要通道。古佛山镇之所以能得到发展，与这20多座桥的存在与贡献密不可分。这些桥与当时佛山人民的生产、生活息息相关，同时也是沟通佛山经济、文化的重要途径。有关这些桥的文化活动渐渐发展成为一些习俗，行通济就是其中最有代表性的民俗活动。

古通济桥建成后，几经历史嬗变，后因木桥朽坏而致毁。明嘉靖三十八年（1559）、隆庆二年（1568）、万历九年（1581）都曾对该桥进行过重修。据说，清末时的通济桥是一座拱形的桥梁，每当夕阳斜照，拱桥倒映于水面，就像天上出现彩虹一般，荡漾于潋滟波光之中。古代佛山文人墨客想象力丰富，不少诗人以为奇观，都曾吟诗作对赞美这一美景。因此，通济桥被列入古佛山旧八景之一：村尾垂虹。桥旁牌坊石柱上刻着文人们为它撰写的对联："通七堡之游行，逸客寻春，任得渡头饮马；济万人之往来，曲桥跨水，艳称村尾垂虹。"

闲与朗月忆旧游

关于通济桥的重修和得名,最确切记载的当数明朝天启年间那次。据说明朝户部尚书、古佛山镇人李待问在任吏部文选郎中的天启五年(1625)夏天,有一次回佛山省亲,看到自己儿时经常在上面游玩的通济桥因年久失修,连桥板都朽烂不堪了,存在较大的安全隐患。见此情形,尚书大人心里很不是滋味,缅想当年与玩伴们桥上嬉戏、桥下抓鱼的欢乐情形,不禁心有戚戚,忧从中来。于是他决定倡建修桥。

李待问回家后将此想法说与其兄李征问听,兄弟两人一拍即合,遂决定联手捐资重建此桥,以造福乡民。李待问是个立说立行的人,于是该桥于天启五年(1625)八月开始修建,以石木三孔拱桥为形,桥面用南庄潭州的红石铺砌,桥中以巨石为柱,并筑亭于桥左畔供行人歇息。该桥于翌年二月竣工。桥竣之时,李待问早已返回京城履职,当他闻此喜讯时,心里那块石头才落下来。他长长地舒了一口气,略加思索后,亲自提笔为之题名为"通济桥",寓意是"桥以通济名,必通而后有济也""以正义通,以亨屯济"。

李待问(1582—1642),字葵儒,号献衷,生于官宦之家,其父李畅曾为嘉禾县官。李待问天资聪颖,从小被人为神童。早年金玉堂陈氏祠塾师曾免费让他入塾读书。万历三十一年（1603），李待问乡试中第56名，万历三十二年（1604）中进士，初授连城县令，从万历三十八年（1610）起，李待问连升礼部主事、吏部文选郎中、佥都御史、应天巡抚、户部尚书等职。

明熹宗时期，极受宠信的魏忠贤竟在明孝陵大道上建生祠，凡去谒陵的官员，守祠太监都要求他们拜祀魏忠贤生祠。各级官吏对此敢怒不敢言。而铁骨铮铮的硬汉李待问谒陵后，偏偏直接驱车赴任去了，根本不把魏忠贤放在眼里。

魏忠贤知道此事后遂对李待问怀恨在心，誓要报复李待问。

彼时适逢楚地山民起事，魏忠贤便以此为借口，罗织罪名，向皇帝朱由校构陷李待问。李待问遂托病辞官回佛山。

直到祸害天下的魏忠贤死后，李待问才重新出山，被皇帝重新任用，旋即官至户部右侍郎，总督漕运。崇祯二年（1629）之后，阉党之祸逐步澄清，朝野上下这才为之精神一震。

李待问是个责任心极强的清官，他凡事以国家利益为重，敢于为民请命，甚至不惜得罪权贵和各级既得利益者，大力整顿漕运。他多次上奏崇祯皇帝，要求增修堤堰，赈济蝗灾水灾；实行减免一半辽饷、取消穷县赋税等利民主张。

崇祯皇帝朱由检对李待问一直十分敬重。崇祯十一年（1638），李待问被擢拔为户部尚书。他在任上勤于政务，辛劳为民，多年忧心劳碌，最终积劳成疾。后来，他告病请辞达28次之多，崇祯皇帝才勉强准奏。

当时的李待问已经病入膏肓，回到佛山后，找佛山名医开药方，疗养了一段时间，身体稍有起色后，他就回到京城府上养病，未几，即于崇祯十五年（1642）驾鹤西去，享寿六十岁。

回望来时路，李待问凭真才实学考取功名，进入仕途。他一生心系百姓民瘼，从不攀附权贵。他对佛山地方慈善、社会公益事业非常关心。除了捐资修通济桥外，他在明万历三十三年（1605）还与其长兄李好问捐资修建祖庙（灵应祠）门楼、端肃门和崇敬门；崇祯七年（1634）与乡贤庞景忠捐资重修佛山至省城的大路羊城大道；崇祯十四年（1641），当时已任户部尚书的李待问斥资大修灵应祠（祖庙），将佛山人供奉真武神像的祖庙正殿命名为"紫霄宫"，灵应祠山门对联"凤形涌出三尊地，龙势生成一洞天"就是当时李待问所题。崇祯十五年（1642）捐资在佛山文昌大街修建文昌书院，这是佛山最早建立的明代书院，供穷人家子弟读书之用，为佛山后来的科甲一方、文运蒸蔚创造了条件。李氏家族逐渐成为佛山的名门望族。李待问于1642年谢世，赠官保衔，谥号忠定，这是朝廷对他的充分肯定。李待问不愧为佛山民间慈善的启蒙者。

另外，李待问曾主持编修《佛山忠义乡志》，虽然该书最后成书于清康熙五年（1666），那时他已逝世24年，但佛山人透过厚厚的乡志，仍然能看见李待问劬劳为民的高大身影。在佛山，该乡志被称为"李志"，只可惜后来该志在"吴志"和"冼志"成书之前就已经散佚。

李待问同时还是一位造诣颇深的诗人，尤以咏史诗见长，其作品大开大合、豪气纵横、深刻耐读。他的代表作有《咏史》等十九首。此外还有一批抒写岭南山水和佛山本土题材的诗歌作品为后人所称道。

小小佛山古镇能出一个李待问这样的大清官，殊为不易。

敢历天磨乃铁汉，此言非虚。李待问就是这样一个历经千磨百折却从不言退的刚强铁汉。他一生都在为国为民做好事办实事，这何尝不是佛山人精神的写照？何尝不是通济桥通济天下的品格再现？

行通济

几番浴火喜重生

新中国成立后，通济桥历经多次重修、重建。1958年重建前，通济桥一直是三拱石桥。自南向北，桥头石级共9级，桥尾为13级，这反映了当时佛山商民的朴素经商理念，图的是能通过正当贸易，发点小财，过上安稳的小日子。另有一种说法也很有意思，说是跟当时佛山当押业比较兴旺有关。进当铺的人价值十元的东西，当出去只得九元，但赎回时却要交给当押铺十三元。这一说法似乎更贴合古代佛山人精明的经商头脑。如今，"九出十三归"以防滑槽条取代台阶，依然遵循"出"的方向是"九条防滑槽"，"入"的方向是"十三条防滑槽"。防滑槽条的设计主要是考虑"行通济"当天数十万人过桥的安全性，既体现了过桥祈福的古时理念，又考虑到了安全问题，可谓一举两得。

"九出十三归"的说法与正月十六行通济的习俗一脉相承，都很朴素。古佛山镇商民每年外出做生意或务工，为取美好寓意，许多人都会专程走一走通济桥，认为这样就会既"通"又"济"。而古时候各地交通都不甚发达，外出的人往往一走就是数月，甚至到过年才回佛山一趟。因此回家过春节时，他们通常会与家人团聚到正月十五元宵节后，才依依不舍在正月十六启程出外谋生。这一做法代代相续，流传至今已有数百年了。所

佛山通济桥

佛山民俗三月三巡游

佛山电视塔

以，按这一习俗，正月十六就成了人们"行通济"祈求顺风顺水"冇闭翳"的传统日子。

20世纪90年代，社会经济腾飞，随着佛山街道多次扩建，通济桥下的河涌被改为暗沟，桥面被改为大马路，通济桥几乎难觅"桥"影，通济桥似乎就此要退出历史舞台。

1999年，佛山电视台联合佛山一些有识之士向政府提出恢复通济桥的建议，得到响应。市民也啧啧称赞拍手叫好。是岁年宵前后，20多万人重拾"行通济"的记忆，老佛山人更是激动得眼里溢出幸福的泪光，足见通济桥在他们心目中的位置是何等重要。

2000年，佛山市政府决定重建通济桥，并计划在通济桥两头扩建广场、修建凉亭。2001年1月18日，筹资1700多万元重修的新通济桥建成。至此，通济桥像"凤凰涅槃"，得以"重生"。

2003年后，行通济规模日渐增大，人来人往有如潮涌。是岁，佛山电视台开启了首场关于"行通济"的电视新闻直播。从那以后，人们所熟知的一年一度"行通济"电视直播深入人心，成为新佛山人记忆中不可或缺的一道"硬菜"。

如今，元宵行通济的习俗影响已扩展到整个珠三角乃至港澳地区。按旧俗，佛山真正"行通济"的日子是正月十六，近年政府倡导将正月十五加进了元宵节"行通济"，并赋予其"万人慈善行"的新时代内涵。这与民间保持的"正月十六行通济"叠加在一起，就有了现在的佛山"行通济"活动持续两天的现象。作为在元宵节期间举行的游玩祈福活动，"行通济"已成为整个珠三角以及港澳大湾区的年度盛事。

FOSHAN
THE BIOGRAPHY

佛山 传

味蕾舌尖颊生香

第十章

天降佳肴飨宾朋

"食不厌精,脍不厌细"是中华美食的形象写真。佛山美食素有深厚的历史文化底蕴,生为佛山人和在佛山生活的人无疑都是有口福的。

岭南饮食文化源远流长,一直流传着"食在广州,厨出佛山"的美誉。佛山人根据不同地方的特产与口味,创制了多不胜数的风格各异的美食菜点。

作为粤菜的发源地之一,佛山是全国首个"中华粤菜美食名城",而佛山顺德更是名气爆棚的世界美食之都。人们到此寻找舌尖味蕾上的真谛、享受饕餮大餐齿颊生香之乐的同时,也能看到佛山这座国家级历史文化名城夹杂于"美食"之中的城市格调和饮食文化底蕴。

佛山人素以"敢"吃而闻名海内外,天上飞的,地上跑的,海里游的,土里钻的,无不是佛山人餐桌上的美味佳肴。粤菜素与"生猛"二字关系密切,生猛的食材既原汁原味,又自然新鲜。

广东小吃有很大一部分来自佛山,蛋散、油角、煎堆、毋米粥、水蛇粥、艇仔粥、年糕、萝卜糕、马蹄糕、九层糕、松糕、盲公饼、鸡仔饼、西樵大饼、双皮奶、姜撞奶、炸牛奶、芝麻糊、花生糊、绿豆沙、大良硼砂、虾饺、凤爪、鱼皮角、干蒸烧卖、糯米鸡、盆菜、佛跳墙、芋头扣

佛跳墙

肉、柱侯鸡、隔水蒸鸡、凤城四杯鸡、盐步秋茄、顺德鱼生、陈村粉、均安鱼饼、均安蒸猪、大良煎虾饼、丹灶慈菇……凡此种种，应有尽有，尽是佛山人的拿手好戏。

有没有觉得听着这些魅力四射的诱人名字，都有让人垂涎三尺的感觉？还别说，这里面的佛山美食甚至还牵扯到一大批历史文化名人和神话故事，他们与佛山的美食缘，让佛山美食增添了许多无可替代的下酒佐料。比如明朝礼部尚书方献夫与西樵大饼的传说，比如大先生鲁迅与伦教糕的故事，比如陈太吉与石湾玉冰烧的美酒情缘，神仙窦元帅贪恋枫林茶楼美食的神话……，都是一方美谈。

总之，在佛山，酸、甜、苦、辣、咸、甘、酥、脆、滑，悉随尊便，蒸、炒、煎、焖、炸，任君选择，所有这些过目难忘的色香味，皆系佛山人的精巧烹饪，闻着吸一口气，都能令人陶醉半日。

"民以食为天"，自古而然。所谓仓廪实而知礼节，人们的一切正常口腹之欲都是无可指摘的。幸福富足的佛山人，生活美满得让人羡慕。美食遍布佛山的每个角落，生活在佛山的人们自然也就充满享受人生的种种乐趣。

最是美食与流光不可辜负。美食让人齿颊生香，流光使人慢慢变老，百年就在转瞬间，有生之年来佛山看风景享受美食，那是一种无声的温暖与幸福。

确实，佛山人真是太有口福了，那些隐隐约约闪现于大街小巷之中的以本地菜、外省菜、特色菜来招徕食客的饭馆酒肆，总让人味蕾发芽、舌尖竖起，每一道菜式都体现了烹饪大师精巧的心思，都能让食客瞩目半日、垂涎三尺。在佛山享受美食，绝对是一个十分惬意的过程。

最是胜味能留客

魅力佛山地处珠三角腹地，水网密布，一派平原气象。佛山乃海上丝绸之路一个重要节点，天下四聚格局，这里八面来风，海内外宾朋如江中之鲫川流不息。佛山物阜民丰四时吉祥，鱼虾海鲜、飞禽走畜、时鲜果蔬应有尽有、不胜枚举。这就使得佛山的饮食文化有了源远流长的味蕾气质。

勤劳善良的佛山人民对幸福生活充满向往，于美食一途更是匠心别具。他们业余农闲时刻，并不忽视饮食烹调，随着厨艺水平不断提高，美食之风自然也就趋于盛行。

古时候广州佛山如父如兄，关系密切，不少达官贵人大概对美食是念念不忘的，他们生活优渥，兜里又不缺银两，有钱人喜欢到佛山聘请掌勺掌厨的名家巧手为自己服务。出于生计，名厨名勺委身权贵豪门也在情理之中。彼时流传"食在广东，厨出佛山"也就很自然了。改革开放四十余年，佛山发生了翻天覆地的变化，作为改革开放前沿阵地的粤中佛山，人们对于粤菜的垂爱和发扬光大之间有着密不可分的情缘，这也就进一步使得佛山成了粤菜的主要发源地之一。可以说，佛山的饮食文化是粤菜的"重要名片""扛鼎之作"和"最佳代言"。

时移世易，大批中原人翻山越岭，不辞辛劳，最终落户岭南重镇佛山。中原的饮食文化与佛山饮食文化际会交融，加上佛山本地丰富的农渔物产作为餐桌底盘，佛山遂成为粤菜文化和佛山饮食文化的重要发祥地。

随着商贸日盛，融通日多，佛山人口得以逐日增长，这些可喜变化，与本地日趋丰富的物产和经济发展相结合，大大促进了佛山饮食文化的发展。

事实上，对黎民百姓普罗大众来讲，美食该是舌尖上的滋味享受。传统的美食魅力在味蕾舌尖的美味记忆中逐日氤氲出佛山饮食文化丰盈的美丽与不朽的魅力。如今，更多的老佛山人胼手胝足，为了传承日渐式微的佛山传统菜式而进行着各种努力，他们对美食的热爱与重视具有时代风格，这着实令人感动。在传统美食文化的基础上，他们乐于守正，也敢于大胆创新。他们善于融入域外崭新元素，以海纳百川的心胸，接受新菜系，这就使得佛山的饮食文化更为适应传统与现代饮食文化兼容发展的气象。

最是胜味能留客，半缘佳景半缘君。

来到佛山这个美食之都，除了色香味俱全的岭南美味能让你大饱口福和眼福之外，当然少不得其他菜系和来自世界各地的风味美食。佛山人的"识饮识食"之所以闻名遐迩，除了对食物的大胆尝试和不断创新外，更是因为对食材食物的兼容并包。佛山能成为美食汇聚地，也是顺理成章之事。

记得一部名为《舌尖上的中国》的纪录片风靡全国，不知勾起了多少人的食欲馋涎和向往之情。其中有一节就对佛山的均安蒸猪这种村宴美食作了极为详尽煽情的推介。然则大中华地大物博，历朝历代的美食不是你想数就数得完的。即便像佛山这样的弹丸之地，也非一道均安蒸猪所可以指代的。这里有多到令你目不暇接的各色美食，怕是不吃不睡边吃边数数三天也数不完的。

均安蒸猪　　　　　　　柱侯鸡

为了犒赏读者味蕾，这里专拿均安蒸猪和柱侯鸡来唠上几句。

均安蒸猪是佛山顺德均安镇的名菜之一。你无须持疑，其大名最早确实可以追溯到"太公分猪肉"的殷商时代。

时序易逝，岁月易老。古时候逢着节庆或祭祖之后，均安当地的男丁们都会陆续到祠堂排队领一份胙肉回家。男丁们分的都是一份蒸猪肉。作为均安祭祀和婚丧嫁娶宴席上唱主角的一道"硬菜"，蒸猪肉被切成厚厚一片，一口咬下去，又香又甜又爽又脆，一直深受本土人的欢迎。传统成为经验，美味得以传承，年常日久，均安本地人的饭桌上总能看到这道令人垂涎的特色佳肴。

均安蒸猪的制作工艺很是考究，腌制过程中已去除猪肉腥味，同时又增添了猪肉原汁原味的土味，享用时无需蘸料，就能吃出爽口香滑的滋味。这一工艺代代相传，成为均安蒸猪的最大特色，吃过均安蒸猪的人们，无不啧啧称赞，回味无穷。制作均安蒸猪，首先要选肥瘦适中百来斤重的土猪，宰好洗净剔去所有猪骨之后，以食盐、白糖、沙姜粉、胡椒粉、五香粉等材料进行腌制，然后将整头猪摊放在木架上，继而放入杉木质大木盒中摆上灶头，以柴草旺火隔水蒸制。此时厨师会在猪脊上扎下很多小孔，以利于佐料入味的同时，猪肉中多余的脂肪也会通过小孔渗出滴落。因为木盒使用的是质地疏松、有着香气的杉木，这就使得蒸出来的猪肉具有干爽可口、肥而不腻的肉质特色，且还带点淡淡木香。切成厚片之后，再撒上一层芝麻添香，一道色香味俱全的"硬菜"便可供慢慢享用。

柱侯鸡是佛山最重要的特色美食之一，成名于300多年前的清朝初年，是佛山屈指可数的古老传统名菜。其制作实则源自柱侯酱在佛山的出现，而柱侯酱的制成则源自佛山三品楼大厨梁柱侯。在佛山，关于柱侯鸡的美食故事可谓家喻户晓，流布甚广。

话说在清末秋高气爽的某个时节，佛山正举办一年一度的"万人蘸会"，兴高采烈的人们在祖庙参与盛事劳累一天之后，一个个都感到又饥又渴，疲倦不堪，余兴未尽的人们不想就此回家歇息，遂决定到禅城一大酒楼吃顿爽的，好好犒劳自己，好将一天的疲惫驱散，迎来往后的好运。"万福台"附近的三品楼得地利久矣，恰逢"万人蘸会"，门庭若市，好不热闹。众人遂登楼就座，招呼小二看茶上菜。听名字就知道这三品楼极为低调，也很接地气，它虽无一品二品的牛气、霸气，但宾客盈门即可证明其出品定然诱人。此时，各式佳肴菜品其实已经售罄，但一眼望去，酒楼大堂还有为数不少的食客在等候虚位。见此情形，店小二急忙到厨房找大厨梁柱侯商量赶紧弄点好菜来满足客人需求。虽然梁柱侯跑出来向客人再三致歉，但客人们还是不愿离开。见此情形，梁柱侯只好答应立刻做新的菜式来招待他们。不一会，梁柱侯就端上一盘色泽金黄香味浓郁的鸡肉，这菜式色香味俱全，客人们大享口福之后，纷纷大呼这道菜肴美味绝伦，可口无敌，是他们有生以来吃过的最佳美味菜肴。一时间梁柱侯名声大噪。因为这道鸡肉菜式系梁柱侯所创，从此人们便以"柱侯鸡"称之。柱侯鸡很合佛山人口味，深受欢迎，三品楼生意因此更加兴旺，络绎不绝的食客让店家赚得盆满钵满。

柱侯鸡以雌鸡和柱侯酱作为原料秘制，骨软肉滑、豉味浓香，菜式摆上桌未动筷，人们就已能闻到豆豉的香味。梁柱侯亲手研发磨制的"柱侯酱"，主要用黄豆磨成的豉酱，调以卤水牛腩汁、蒜蓉、花雕酒等蒸煮制成。其独特的芬芳味道，食之香味悠长，令人回味无穷。柱侯酱用来焖、煮、炒制肉类、鱼类堪称绝配，用柱侯酱调制的柱侯鸡、柱侯鸭、柱侯鹅、柱侯水鱼等菜式，都属顶流。美味如此，佛山人真有口福。

好东西就要分享，才有价值。

全国各地的朋友们有空不妨来佛山走走，好好享受一下当地的地道美食，绝对是一种人间清福、瑶台盛宴般的独一份享受。

市声灯影香如故

钟鸣鼎食不足富，市声灯影香如故。

佛山粤菜历史悠久，始自秦汉，发展于唐宋，成型于明代，兴盛于清末民初，辉煌于当代。当今的佛山人追求的是食之美、食之味，在意的是食之鲜、食之趣。在禅城斑驳的青砖石瓦巷内，在古老的袅袅炊烟中，遇见巧手飞舞的师傅、抡臂吆喝的伙计，也许您就知道这一道道美食为何能一代代流传下来的理由了。来一碗顺德双皮奶、上一锅状元及第粥、抿一口石湾玉冰烧、夹一块凤城四杯鸡、沾一下海天酱油……，这些散发着岭南体味、广东活力、佛山气息的地道饮食文化气息的美食，一定会让你终生难忘，半辈子齿颊留香！

在佛山享受美味佳肴，就是享受一流的服务、一流的生活、一流的文化。佛山美食故事太多了，节庆佳肴背后的故事，老字号菜系的历史传承，异域舶来菜系佛山化特色的秀色佳话，你尽可以在阅读佛山美食地图之后，在佛山来一次"味蕾上的旅行"。

佛山是出了大名的中国陶都，石湾陶瓷早在新石器时代晚期的贝丘遗址中就已揭开历史序章。上古之民，穴居野处，生活的中心内容无不围绕渔猎饮食，所以佛山先民最初发明的就是釜瓮之类的坛坛罐罐。彼时的佛山先民多以陶为业，因此佛山人的饮食也多以大碗菜、大碗饭为主。

走在佛山老城区深处，你会发现不少带着历史体温的老字号小吃。岁月老去，但这些老字号却依然光鲜，正合见证佛山悠久的历史和悠长的饮食文化序曲。曾经的翠明楼、如珍酒家、三品楼、天海酒家和英聚酒楼，都是扎根本土，服务过无数佛山人和外地宾朋的温暖去处。

千年佛山，万幻之城。其百年以上老字号不在少数，与老百姓息息相关的茶楼食肆是其中不可或缺的部分。过去的有钱人家婚丧嫁娶摆酒都喜欢到升平路或公正路的老字号去，大抵是喜欢这些老字号的特色招牌菜，比如三品楼的柱侯鸡就香飘四邻驰名远近，其蟠龙大鸭更是香滑鲜甜味色俱佳。新中国成立之后，尤其是改革开放春风拂来之时，老城区经历了缩版改版扩版的来回腾挪，新生的高档酒家食肆很快就占据了佛山的大街小巷，远年的这些老字号以及它们的名菜，当然也经历了岁月的颠簸，确有不少已式微湮灭于岁月尘迹之中。

追根溯源，古今佛山饮食文化确实耐人寻味。佛山美食当然也深受百姓生活方式的影响，历史嬗变，物是人非，但不变的是人民对美好生活的向往，对美味佳肴的垂爱。佛山人餐桌上的文明也别具一格，从"计件点心"而"山水名茶"而"拳头产品"，经历了成百上千年的发展变化。

毫无疑问，佛山饮食文化也是与时俱进的。自清末民初至20世纪20年代初期，佛山的茶楼饭市生意是有严格分工的。茶楼饭市各有取舍，各得其所，都能分得一杯羹。茶楼专营茶市，从不顺便做酒菜饭市生意；而酒楼饭馆则专做酒菜饭市生意，而不"插足"茶市。计件点心乃茶楼主打经营手法。"冷""热"两类点心，泾渭分明，分列两厢，各有其好，各取所需。旧时"热"点心如叉烧包、虾饺与干蒸烧卖等四季长有，一般用蒸笼蒸熟后，由"店小二"捧着沿座叫卖，这些"热点"，茶客要一碟算一碟钱，不吃或吃剩也照样计价，可以打包拎走，不能"回尾"折价。而

"冷点"则计件收费。冷点心多系事先炮制好的各类干果,如糖冬瓜、糖莲子、糖莲藕、蜜饯银稔、甘草榄、光酥饼、杏仁饼之类。所有冷点开市前就"列队"摆好在茶桌上接受茶客"挑选",茶楼取每种冷点,在每个碟子里放上若干件。茶客选吃后计件付钱,很是符合佛山人俭朴实惠的民风。

民国中后期,为了经营成本和适应市场需求,茶楼酒馆经营界限逐渐被抹除,彼此无分你我。为了生意更加兴隆,酒楼率先"越界"以"星期美点"招徕顾客,即每周将点心制作馅料食材,甚至连名称都煞费苦心更换一次,为的是变个名堂,让茶客品尝到独具风味的新颖点心。茶楼也变着法子逐新潮,弄个招牌点心出来稳住茶客胃口,"只此一家""独门绝活"应时而出,拳头产品一个个,新鲜名堂一摞摞。竞争并非坏事,有竞争就有进步。于是升平路冠南茶楼的豉烧包、顺和隆的灌汤包、山泉茶室的虾龟、德昌楼的油炸包、佛有缘斋菜馆红枣饼、紫洞挺的九层水晶糕等脱颖而出,成为人见人爱的美点。

事实上,20世纪20—40年代,佛山饮食文化已然成熟,且已形成规模,彼时涌现出得心斋、三品楼、英聚、天海等众多名楼名店。不少眼界渐开的佛山名厨甚至还将佛山的饮食文化发扬光大,他们筹集资金将茶楼酒馆开到了省城广州和香港澳门等地。佼佼者如广州的大同酒家、七妙斋、陶陶居,香港的敦煌酒楼等。

佛山是珠江三角洲乃至岭南地区有名的"美食之乡",历史上"食在佛山"早已美名远播,影响海内外。美食文化是一个城市的特质所在标记所系,佛山的饮食文化在历代佛山人的记忆中早已渐成体系。2010年,随着广佛地铁的全面开通,沿线各色美食餐饮更成为生活在广佛之间的人们时常光顾的门店,美食之乐,乐在口福,更多的人其实是在不知不觉间传播了佛山的饮食文化。

文化名人爱美食

拥有深厚底蕴的佛山饮食文化,自然也与文化名人脱不了关系。在佛山千年美食文化的熏染之下,有太多有意思的陈年旧事值得念叨。

佛山有一款状元及第粥大有来头,据说这粥跟明代佛山文状元伦文叙(1466—1531)有着莫大关系。

1467年,伦文叙出生于南海县黎涌村(今广东省佛山市禅城区澜石黎涌村)。他生有异相,被人戏称为"大头仔"。伦文叙幼时家贫,父亲伦显务过农,做过佣工,后以撑渡船为生,一家大小仅堪温饱。由于无力送伦文叙入私塾读书,伦父在伦文叙两三岁时,便于劳作之余教他识字、读书,背唐诗、宋词。小时候的伦文叙聪颖无比,记忆力超群。在父亲的影响下,极短时间内,他就能对所学倒背如流,且练得一手好字,还养成了勤学好问的习惯。伦文叙七岁时,因常到村内一间私塾门外偷听,塾师因此备受感动,免费收他为学生。因聪慧好学,伦文叙八九岁已能诗文对句。他长于对联,每试必名列前茅,乡中人称之为"神童""急才""鬼才"。时运不济,年老的塾师不久染病去逝,命途不顺的伦文叙因而不得不缀学。幸好伦文叙志向远大,他没有荒废学业,而是一面卖菜操持糊口,一面专心钻研经典。在菜市卖小菜时,不时有人缠着他吟诗作对。有一次他挑着一担菜路过一家粥铺，肚子饿得不行，但又囊中羞涩，不得不望粥兴叹，白咽口水。掌柜的见状，怜悯之心顿起，当他认出门口所站就是菜市吟诗的伦文叙时，不禁心里一颤，问伦文叙小小年纪为何不去读书？伦文叙答以家贫没钱供书教学。店家闻此情状，善心大发，遂让伦文叙每天把菜挑到自己店里来，每天买点伦文叙的小菜，然后再给他一碗粥喝，剩下的银两则让伦文叙凑足学费去上学。

伦文叙蒙店家厚爱，自然感激涕零，他在店家这里每天都能喝到不同的粥，粥的内容很是丰富，里头有猪粉肠，有肉丸，还有猪肝。

多年以后，伦文叙如愿以偿高中状元。伦文叙是个知恩图报之人，他不忘店家旧恩，回乡省亲的第二天就去看望店家，并请店家再做一碗一模一样的粥。伦文叙喝罢，连连赞好，他涕泪涟涟，感激万分。为了答谢恩人，他将此粥取名为状元及第粥，并亲自给店家题写招牌。有了状元伦文叙金字招牌的加持，店家的生意日益红火。后来佛山人为了纪念伦文叙，勉励自家子女好好读书识字考功名，都会在孩子考试前买碗状元及第粥给孩子喝，为的就是讨个吉利，希望孩子也能像伦文叙一样高中及第，早夺功名姓名标，蓝衣脱去换红袍。

时光之水流经现当代，佛山的老字号"大可以"早在1932年就开始制作"油炸鬼"和"状元及第粥"，旨在发扬伦文叙状元及第粥的美食文化。终于，该店继2000年夺得"中华名小吃"称号之后，又于2002年获广东"十大名小吃"和2003年佛山"十大风味小吃"的荣誉。

说到西樵大饼，就不能不提及明朝礼部尚书、内阁次辅方献夫。相传在明朝弘治年间，方献夫有一天四更起床后感觉饿，就唤仆从准备早点，岂料连唤多声，仆从迟迟不来。饥肠辘辘的他遂到厨房想要看个究竟，发现不知何故仆从竟误了时辰起床，自然也就来不及端早点了。方献夫也不气恼，见案板上有现成已发酵好的面团，遂叫厨子在面团中加上鸡蛋和糖，揉匀后做成一个大饼，置于火炉上烤。不一会儿饼就烤熟了，方献夫用布将饼包好，即命轿夫起轿上朝去了。

到了朝堂之后，见皇上还没到，肚子咕咕叫的方献夫遂取出饼就着清茶啃了起来。刚烤好不久的饼松软甘香，煞是可口。同僚臣工闻到饼香四溢，一个个都馋涎欲滴，有人探头问方献夫吃的什么饼。思乡情浓的方献夫耸肩一笑，不假思索地说："这是西樵大饼。"臣工们都说闻着真香，叫方尚书何期弄几个来分吃，也好体味方尚书的家乡特色。方献夫闻言窃喜，诺诺言善。

散朝后，得意的方尚书急命厨子如法炮制，做了几十个西樵大饼，翌日上朝时便带到朝房分给同僚们享用。同僚们边啃边啧啧称赞方尚书的大饼芳香可口。就这样，西樵大饼便在当朝扬了美名。此后，方献夫也经常命厨子烤制大饼，既供自己吃用，也用来招呼宾客。

方献夫告老还乡后，在西樵山筑石泉书院讲学有年。他将制饼方法传授山民。好山好水好材质制出来的西樵大饼当然就更加香甜可口了。又因西樵大饼皎皎如雪，形如满月，蕴含花好月圆的绝佳寓意，因此，西樵当地人每逢节庆或有嫁娶之喜时，都忘不了西樵大饼的美味，探亲访友时，也常以此作为礼品送人，既大方，又好吃，物美价廉，不失为上佳之选。

西樵大饼问世数百年，仍极受欢迎。盖因西樵山泉水清冽，加之精面粉、鸡蛋、液态酥油、奶油用料纯正，好山泉好材质烤制的西樵大饼松软香甜、入口松化，除了甘香、松软、清甜之外，还有刀切不掉渣、暑天存放十天半月不变质等优点。久而久之西樵大饼就成了颇具文化魅力的地方小吃。

再谈谈入口香韧颇有嚼头的伦教糕。伦教糕是顺德名小吃，也是岭南

伦教糕

典型的地方糕点，因始创于广东顺德伦教镇而得名。伦教糕以晶莹洁白而著称，糕身横竖小水泡似的孔眼均匀有序，质地爽软滑润而富有韧性，折时还不留折纹，味道清甜爽滑，是广东人极为喜爱的糕点之一。伦教糕与一般用大米和白糖制作的松糕、马拉糕不同，其外表光洁如镜，雪白晶莹，颇有些"糕中贵族"之味。

据相关资料记载，做伦教糕味道最为地道纯正的，原先只有伦教镇上一家，他们家是用当地特有的泉水加上地道米粉材料制作而成的。后来不知何故，好好一泓清冽甘泉竟遭淤塞命运，而后别具风味的伦教糕就难以制作出原来的味道了。由于伦教糕特别对岭南人口味，于是，善于守正创新的佛山人就摸索出了鸡蛋白澄清去浊的制作方法，由此普通的井水和自来水就可以替代清泉了。这样一变通，伦教糕就得以在省内外重生，以至于后来名扬东南亚。

传说伦教糕让大文豪鲁迅也赞不绝口。鲁迅1927年从厦门大学来到中山大学任教时，隔三差五就会到街上买一大袋伦教糕回来。大先生在中山大学虽然只待了四个多月，却与伦教糕结下了不解之缘。此说有文字为证。1935年4月,鲁迅在上海写下《弄堂生意古今谈》,文中即提到了一种糕点:玫瑰白糖伦教糕。这是《鲁迅全集》中可查阅到的关于伦教糕的记录。大文豪也垂涎的佛山美食,怎能少了可人的色香味?

民俗美食两相宜

人文风情传百代，民俗美食两相宜。

佛山的节庆文化非常活跃热闹，民俗期间的特色美食也大有名堂。

在佛山，美食佳肴一年四季少不了，它们与佳节喜庆日子结合在一起，便增添了无数温暖场面。

佛山人从年腊八喝腊八粥，到廿八洗邋遢，再到大年三十逛花街卖懒，大年初一行祖庙祈福，正月十五闹元宵，正月十六行通济，三月三北帝诞……一年四季，各种节庆习俗期间举办各种活动时，民俗与美食相辅相成，节庆民俗食物更是层出不穷，被一代代流传下来。

比如佛山人女儿出嫁时，铁定要派嫁女饼，可口的四色绫酥也是不能少的；佛山人办红白喜事，总能尝到盆菜的美味；寿庆喜宴之上，闪着眼睛的烤乳全猪是必备的菜式，什么八大件、九大簋，更是必不可少的制式。按照佛山人讲求"好意头"的民情风俗，每一道菜肴、每一样小吃，都有着美好寓意。事实上，源远流长的岭南民俗文化早已从衣食住行各个方面融入到佛山人的生活中，成为佛山人必不可少的生活方式。

每逢佳节将近，佛山人家家户户都会开始忙碌起来，即便在物质贫乏年代，他们也会将平日里省吃俭用节省下来的有限"银两"慷慨地拿出来

烤乳猪

豪爽地花销，他们乐意准备各色节庆食物，好在节日里图个喜气，吃得好些，玩得开心些。心里总有温暖的期盼占据着，期待来年好运来到自己家。

每逢各种节庆婚庆寿庆的时候，佛山人都会亲手做些特色菜肴，摆上酒席，招待亲戚朋友。有些特色小吃茶点之类，他们则愿意在亲朋好友之间相互赠送品尝，以示礼尚往来。可以说，佛山的节庆美食源远流长，自成体系，自带流量，早已经成为佛山人生活之中的一个重要组成部分。

时移世易，佛山人的生活水平不断向好，各种节庆特色美食名目越来越多，出品越来越好。比如那些自古至今流传下来因应新春打造出来的本地独特新春菜肴、民俗食品，更是成为目今佛山各大酒家食肆中日常出品的菜式，人们随时可以品尝，而无需等到节庆时候才能享用。说白了，只要囊中有钱，日日都像过节过年。

多年以前的某个除夕，入乡随俗逛花街时，恰好逢着一位作家朋友，跟他拉起了家常，朋友笑着说，小时候他外婆领着他行花街"卖懒"，外婆告诉他行花街有着数（好处），卖懒倡勤，买花就是买个好意头，买了花就预示着来年能过上好日子。外婆还教他唱儿歌："卖懒，卖懒，卖到年三十晚。"他说他其实唱得怪难听的，但慈祥的外婆都会对他说，无论唱得好不好，都该得到一把年货糖果的奖赏。而他清楚记得，那把糖就是外婆在行花街时逢着的一个档口买来的。外婆对他说，吃过甜糖之后，生活就会变得甜甜蜜蜜的。是的，佛山人的民俗与美食有着不可割裂的水乳关系，小时候孩子们盼着过年过节时的美食，长大了，他们会以更多的节庆美食孝敬自己的长辈，喂哺自己的晚辈。

年年岁岁花相似，岁岁年年人不同。美食文化与商品经济日益发达的佛山，注定会拥有无可限量的前途。

总之，做个佛山人其实挺幸福的。大把的美食等着你享受，大把的好日子等着你过。

美食中的佛山愈发招人喜爱，色香味俱全的生活，一定越过越红火。

FOSHAN
THE BIOGRAPHY

佛山 传

第十一章 诗意之城蔚文风

湾区视野的诗意之城

诗歌是世界上最古老、最基本的文学形式，以丰富的意象高度集中地表现社会生活和人类精神世界。然而在快节奏的城市生活中，诗歌的份量似乎正变得越来越轻。城市还需要诗歌吗？现代城市文化中，诗歌的表现空间在哪里呢？这是世人的当代诗歌之问。有人认为诗歌已死。但佛山却有不同答案。

佛山文学在岭南文学史上曾有过辉煌的一页。佛山的诗歌渊源，最早可以追溯到一千多年前。

元末明初以降，佛山诗人辈出，在岭南乃至全国诗坛占有重要地位的诗人中，出自佛山的不在少数，比如有"南园五子"旗手之谓的孙蕡，状元诗人伦文叙，明朝台阁首辅、诗人梁储；明中叶之后有"岭南后五子"之称的欧大任、梁有誉、吴旦；明末有血溅红花的诗人陈子壮，义不顾家的诗人陈邦彦，抱琴殉国的诗人邝露；及至清代，佛山则有"岭南三家"之誉的梁佩兰、陈恭尹，三家有其二；康雍朝时，佛山有岭南诗派"惠门四君子"之称的重要诗人何梦瑶、劳孝舆、罗天尺、苏珥；乾隆朝的"岭南四家"中，佛山诗人占其三，有黎简、孙锦芳、黄丹书；清末至近现代诗歌史上，佛山则涌现了户部侍郎、诗人张荫桓，著名维新派领袖、诗人康有为,"千百年来岭南巾帼无人能出其右"的杰出女诗人冼玉清,等等。历史上,状元诗人伦文叙、"谴责小说"鼻祖吴趼人、《三字经》作者区适子、状元诗书大家梁耀枢等一大批文化名人都是佛山人,他们著述颇丰,影响久远。如此多的文人墨客、诗书大家,确实为佛山历史文化增光添彩。

佛山是一座充满诗意的国家级历史文化名城、全国文明城市。近十年来,佛山文学事业携历史之盛,发展势头良好。佛山是公认的岭南诗歌重镇,2012年被省作家协会授予"广东诗歌城"称号。在市作家协会、佛山诗社等单位操持下,佛山诗歌活动频繁,曾举办过具有全国重大影响的诗歌活动数十场,包括先后举办了八届中国长诗奖颁奖典礼、十届佛山禅城腊八诗会、十三届岭南诗会,其中"中国长诗奖"和"佛山禅城腊八诗会"成为百度百科词条。此外,市作家协会还联合中国作家协会《诗刊》社举办过首届"青春回眸"诗歌研讨会、中国先锋诗歌30年高峰会、中国诗歌万里行著名诗人走进佛山采风、全国著名诗人行通济慈善活动、佛山诗歌节、龙年新春全国著名诗人龙塘雅集、珠江三角洲诗歌研讨会等。这些高规格的文学活动对佛山文学事业发展、佛山城市形象和美誉度的推介,无疑起到了良好的推动作用。全国的著名诗人叶延滨、舒婷、晓雪、黄亚洲、杨克、欧阳江河、梁平、唐晓渡、海男、峭岩等诗坛大咖、文艺名家都曾应邀参加过佛山诗歌活动,为佛山留下了一大批优秀诗篇。佛山市文联、佛山市作家协会、禅城区文联等单位还专门编辑出版过《当代著名诗人笔下的佛山禅城》《诗意佛山》《从四个方向爱着佛山》等多部诗歌作品集,为佛山捧出诗意城市礼物。

事实上,在文学创作中,举凡有内容、有器宇、有担当的好诗、名句、大文,必不能偏离其人民性和主体性的亮点与底色。古今中外,概莫能外。佛山诗人是一个颇具活力的群体,他们主动融入大湾区,摒弃一己之私与个人好恶，在精神层面完成了个性与共性的各种对抗，为现实生活及遥远的未来指向留下了饱含诗意的诗歌记忆和诗歌活动痕迹。

诗歌是文学的皇冠，其功用更应是忠实纪录时代的重要载体。一个时代有一个时代的使命意识、生活内涵与精神烙印。一个成功的诗歌文本因具备客观记录时代的文学功能而富有跨越时空的恒久精神魅力。粤港澳大湾区只是地域概念，新诗写作唯有尽早突破地域疆界的局限与窠臼，为普罗大众提供高贵的精神匡正与诗意指引，才能成就民族精神火焰的高蹈品质，才能真正在文本上有大建树。而好诗的启示性与异质性则是诗歌文本最重要的性格标签，它甚至无关地域、无关肤色、无关性别、无关语种，其共性应直指国家、民族和人类命运的价值，指陈人性之美、生存境况、生命意识，将人类精神与品格引向博大与无私。从这一点讲，佛山当代诗人的诗歌能较好地对接人类心灵和社会活动，不少诗人的文本能打开思想通道，拥有从容不迫的品质。不少作品以人民作为抒情主题，为人民歌唱，为时代立言。

佛山老中青少四代诗人同堂，作品风格各异、审美情趣不同，文本呈梯次式递进。近十年来，不少诗人有数量不菲的作品发表在全国各级报刊杂志上或被选入全国各种重要诗歌选本中。这些作品为广大读者走近佛山、了解佛山，感受佛山这片改革热土，亲炙佛山独具特色的人文精神和城市气质，体味佛山人民开放包容的格局与气象，提供了较好的文本借鉴。

诞生于20世纪90年代的佛山纯诗歌季刊杂志《天狼星》，可以说见证了佛山诗歌所经历的时代风云，为佛山诗歌的发展立下了汗马功劳。刊物每年都从近万首中小学生诗歌习作中精选出百十首进行刊载。诗歌润城，诗意暖心。2016年举办的广东省小学生诗歌节总决赛中，一位来自佛山的盲人小学生将诗作刻在盲文纸上，她说，"诗歌就是我眼里的光"。

诗歌应该体现包容发展、有益建设，应允许不同声音的存在。因为社会本身就是一个大合唱的群体，谁也代替不了谁，谁也不能抹杀谁的存在。近十年来，佛山作家诗人将繁荣文学创作，尤其是诗歌创作，作为发展地方文艺事业工作的主要抓手，努力挖掘利用好本土历史文化资源、工商业发展创新等题材，将此作为创作的突破口，以实实在在的文本，讲好佛山故事、改革开放故事，进而讲好广东故事、湾区故事和中国故事。

多年来，佛山在历史文化长诗创作、工农业和乡村振兴题材长诗创作方面成绩突出，取得了可圈可点的阶段性突破，为全国诗歌界所瞩目。张况的10万行大型历史文化长诗《中华史诗》系统工程已全部竣稿完工，目前已出版《大秦帝国史诗》《大汉帝国史诗（上下卷）》《三国史诗》《大晋帝国史诗（上下卷）》《大隋帝国史诗》《大唐帝国史诗》八部长诗。高世现出版了5万行长诗《酒魂》，包悦出版了少数民族抒情长诗《玛吉阿米》，陈陟云出版了情感类长诗《前世今生，新十四行》，李桥航出版了长诗《大河绵延》，郭杰广出版了乡村题材长诗《淬火集》。另外周崇贤创作了长诗《佛山辞十章》，来去创作了长诗《玉米传》，史鑫创作了长诗《南方献词》等。这些作品熔铸民族精神，尤其对改革开放前沿阵地佛山的火热生活、厚重历史、独特地域文化多有描绘，是有温度有热度有高度有深度的心血之作。新一辈佛山作家诗人非常注重利用历史文化资源，继承先辈光荣传统，不断书写新时代新篇章。

2012年，佛山就被广东省作家协会诗歌创作委员会授予"广东诗歌城"称号，佛山南海大沥镇同时获评"广东诗歌之乡"。毋庸置疑，包括诗歌在内的佛山文学艺术在粤港澳大湾区是占有重要地位的。

佛山：中国长诗奖诞生地

近年来，佛山诗坛很是活跃，诗歌活动也很频繁。尤为值得称道的是永久落户于佛山禅城、连续举办了八届的"中国长诗奖"。

2023年12月17日，第八届中国长诗奖颁奖典礼在广东佛山禅城广东新媒体产业园举行，鲁迅文学奖获得者、著名诗人西川、路也等26人获奖。活动相当接地气，为岁末的佛山带来了浓浓的诗意。广东省作家协会副主席丘树宏说："中国长诗奖自2015年落户广东佛山禅城以来，至今已成功举办八届，受到全国文学界，尤其是诗歌界的瞩目和好评。佛山是一块富有诗意的改革热土，举办公益性中国长诗奖很有意义，目前该奖项已逐渐成为国内知名的诗歌活动品牌。长诗奖由中国作家协会诗歌委员会、中国自然资源作家协会、中国通俗文艺研究会、广东省作家协会作为学术指导单位，这使得该奖项更具专业性、权威性、代表性和学术含金量。中国长诗是个很好的地域概念，奖项由大湾区组团城市之一、全国文明城市佛山扛起大旗，这既是得天时地利人和的机缘，也是令诗歌界为之瞩目的大好事。

中国长诗奖作为公益性诗歌活动，每年都吸引了不少珠三角诗人、佛山五区诗人和校园小诗人、诗歌爱好者参与。事实上，公益性零奖金"中国长诗奖"的设立，是佛山首创，也是中国诗歌界首创。佛山作为中国长诗奖诞生地，与佛山诗歌多元发展的创作环境是息息相关的。每年都有国内诗歌名家、鲁迅文学奖获得者、茅盾文学奖获得者参与其中，诺贝尔文学奖获得者莫言和诺贝尔文学奖多次提名者北岛也参与进来，可见其影响力已为诗歌界所接受和重视。该公益性诗歌奖项对中国当代诗歌生态构建起到较好的带动作用，传递了高贵的精神匡正和诗意指引的文学初心，让中国诗歌真正成就民族精神火焰的高蹈品质。

史诗写作是对中华文化的寻根之旅，伟大的中华民族太需要一部体量够大足够恢弘的史诗了。国内具有冒险精神的诗人不多，佛山却不乏冒险精神的长诗、史诗写作者。这就是佛山举办"中国长诗奖"的优势所在。

史诗写作是对中国历史文化的使命承当。中国长诗就像中国诗歌的"航空母舰""核弹头"。佛山倡导的"中国长诗写作"对中国当代诗歌生态是有重要启示意义的。目前我国官方文学评奖中"长诗奖"尚付诸阙如，"中国长诗奖"在佛山的设立顺理成章地填补了这一空白。写史诗最大的困难就是如何将已逝的历史盘活，将朝代与朝代之间的纽带关系处理好，还要重返历史现场，与历史人物进行平等对话。真正的好诗就该从容不迫、雍容淡定，就应以人类命运、祖国、民族、人民为抒情母本、叙事主题。为祖国、民族和人民歌吟，为人类精神立言，是每一位诗人的历史使命。

中国作家协会诗委会原主任、《诗刊》原主编叶延滨认为，佛山连续多年举办中国长诗奖是件功德无量的大事，也是诗坛值得大书一笔的盛事。他认为中国长诗奖有"三公"：一是公益性，长诗奖不在于奖，而重在褒，这个活动其实就是为中国长诗发展，每年进行一次优秀作品的排行榜，坚持八届，上榜者百，实属难得；二是公平性，程序公正，每年从上百部作品中精选，让许多佳作得到表彰和鼓励。三是公开性，公开推荐，

中国长诗奖诞生地——百年龙塘诗社旧址

公开公示，不设奖金，毫无私利。

　　中国作家协会主席团委员、中国诗歌学会会长杨克认为，近年来，佛山举办的中国长诗奖颇受关注，作为零奖金的公益性诗歌活动，这是佛山这座国家历史文化名城以"中国长诗"的名义向新时代发声，向文学界发声，为推动我国诗歌事业发展，尤其是推动中国长诗创作，起到了示范性的作用。

　　迄今，全国共有近200位诗人摘得历届中国长诗奖桂冠。其中就有诺贝尔文学奖得主莫言、茅盾文学奖得主张炜、鲁迅文学奖得主海男、臧棣等。历届获奖者均具有广泛的代表性，既有全国各类文学大奖获奖者，也有身处厂矿企业生产一线的工人和在农村劳作的农民。历届获奖作品题材涵盖面广，既有充满正能量、弘扬社会主义核心价值观的中国历史题材、中国革命题材、人类命运共同体题材类长诗，也有表现我国经济建设、工商业发展、乡村振兴、社会事业进步的精品佳作,很接地气,很见包容性,体现了我国长诗创作百花齐放、百家争鸣的喜人气象。

佛山是粤港澳大湾区组团城市最富诗意的改革热土之一,在此举办的公益性中国长诗奖具有专业性、权威性、代表性和学术性,含金量高,较好地表彰了我国诗人在长诗创作中所取得的丰硕成果,让中国长诗发出了新时代耀眼之光,同时也彰显了佛山作为国家级历史文化名城、全国文明城市和"广东诗歌城"的文化魅力,展现出佛山文艺事业高质量发展带来的新气象和佛山诗歌文化强大气场多元共生的独特风貌,为推动我国诗歌事业发展,尤其是推动中国长诗创作和高质量发展,起到了示范性的积极作用,意义重大。

全国各地的优秀诗人云集佛山,采风、创作、交流、朗诵,在思想碰撞中产生了不少优秀作品。中国诗歌学会副秘书长雁西说:"诗歌精神在这里充分交流,诗歌作品从这里出发,闻名全国,诗歌也带动书画艺术共同提升,这对营造城市文化氛围、提升佛山城市的整体形象,起到了很大作用。"

每一届中国长诗奖颁奖典礼,主办方都同时邀请省内外知名朗诵艺术家演绎获奖者的优秀作品片断。每一届颁奖典礼前,组委会还会为个别当届获奖诗人新出版的诗集举办首发式和作品研讨会。与会的诗歌名家就诗人作品的文本意义、审美特色、写作风格等进行研讨。历届与会诗人还被邀请到佛山祖庙、岭南新天地、佛山梁园、广东粤剧博物馆等名胜古迹采风创作,为佛山之美增添亮色。

岭南广府文化滋润了佛山这片改革热土,佛山诗人致力于推动中华优秀传统文化创造性转化、创新性发展,打造岭南广府文化高地。继"中国长诗奖"成为全国诗歌界重要活动品牌之后,"佛山禅城腊八诗会"更被中国诗歌春晚等权威部门评为"全国十佳诗歌活动品牌"之一。

佛山作家诗人们与祖国人民同呼吸共命运，与时代同频共振，积极投身祖国改革开放火热生活，努力挖掘广东和佛山深厚的历史文化底蕴，他们从当代中国人生动的创造实践中汲取写作灵感与力量，寻找新的美学呈现方式和表达方式，在伟大的社会变革中勇立潮头，积极彰显国家精神、抒写民族命运，用文学去讴歌伟大时代和伟大祖国、伟大人民，创作出一批具有佛山特色、岭南气质、中国风格，能够唤起民族自豪感和自信心的精品力作，塑造了丰富多采的审美情景和文学形象，凝聚了伟大的中华民族精神。

近年来，佛山注重文学新人的挖掘和培养，市作家协会多年来坚持开展文学进校园活动，带领全市作家诗人关注国家和人类命运共同体，以熔铸社会进步的情怀和民族情感，着笔反映佛山在推动国家发展和社会文明进步中所做出的贡献和走过的峥嵘岁月、历史轨迹，进而反映新时代精神风貌，以实际行动呼应伟大新时代，积极推动岭南广府文化"出圈"计划。佛山作家坚持守正创新，关注民生福祉，关注国家民族命运，关注历史与未来，关注人类生存环境，弘扬大历史观、民族观、价值观，坚守人民立场，把握新时代脉搏，用情用心讲好佛山故事、粤港澳大湾区故事、广东故事和中国故事。用文学精品记录新时代、书写新时代、讴歌新时代，努力创作出无愧于时代、无愧于人民、无愧于民族的优秀作品。

文艺茵蔓幸福城

文艺是时代的号角，最能代表一个时代的风貌，最能引领一个时代的风气。佛山人似乎天生就对文学艺术情有独钟。

佛山市民幸福指数高，每年享受多场文艺演出。市级文艺演出品牌多、形式新、频率高。市、区两级共建模式，集中全市各类文化活动资源，形成春夏秋冬四季花开的城市文化生态。

佛山文学艺术注重"走出去"，乐于"请进来"，紧盯"高平台"，重视"区域合作"。注重开展"名人文化、状元文化、功夫文化、粤剧文化、历史文化"等主题宣传活动，集中系统地介绍佛山城市发展脉络与文化底蕴，以非遗文化、人文、历史、经济、特色美食等多种元素展现佛山城市魅力，向国内外游客推荐佛山优秀文化和城市综合形象。生活在佛山的人们幸福感满满的，能不令人叹羡么？

佛山文学艺术注重接轨粤港澳大湾区，抢抓发展机遇。鼓励并支持作家、艺术家抓住粤港澳大湾区发展机遇，依托粤港澳大湾区文学艺术联盟，主动融入粤港澳文艺界，实现融合发展。通过到粤港澳大湾区、珠三角腹地、粤东、粤西、粤北乡村等地方采风创作，体验生活，收集素材，真正沉下心去，扎根基层、深入群众，吃透生活，抓住本质，创作出有高

第七届亚洲艺术节巡演

度、有深度、有温度的文艺作品。

粤港澳大湾区是国家战略，文化是大湾区之间的纽带，大湾区为广东和佛山文学发展提供了重要机遇。佛山文艺家注重利用好这个政策红利，讲好佛山故事、湾区故事，大胆创新，积极安排举办相关文艺活动，方便大湾区区域内的作家诗人、艺术家们相互交流、交融、提高。加强对大湾区城市调研，主动与湾区各城市合作，形成合力。大湾区营造了一个宽松的环境，很容易出好作品。

佛山人的幸福生活远不止于这些。多年来，佛山组织和促进文艺家跟港澳地区加强交流合作。"禅澳戏剧"交流活动有规模，影响大。禅澳戏剧交流起源于上世纪八十年代，是佛山和澳门两地戏剧爱好者持续30年的城际戏剧交流活动，每年复活节期间，澳门艺穗会均组织节目到佛山参与"佛山站"交流，而年末，佛山相关部门亦会派出优秀节目赴澳参加"澳门站"交流，以此加强两地戏剧人的沟通，提高群众的戏剧参与度、观赏度与期待度。佛澳两地文艺家多年来的戏剧文化交流让两地表演者们都可在相互表演中学习，取长补短，促进戏剧文化活动的持续开展。活动辐射到周边地区，群众受益面日广。

佛山非常注重对外文化艺术交流。2005年11月11日，亚洲文化部长论坛暨第七届亚洲艺术节在佛山隆重开幕。这是亚洲艺术节自成立以来首次在省会以外城市举办。包括中国在内的25个亚洲国家和地区主管文化艺术事务的部长级官员率团参加亚洲文化部长论坛，并在会议期间签署了《佛山宣言》。海内外宾朋荟聚国家级历史文化名城佛山，盛况空前，意义重大，影响深远。好客的佛山人专门在城市中心建设亚洲艺术公园以志纪念。

值得一提的是，2024年元月16日、17日，由外交部外交人员服务局、中国国际经济交流中心与中国外文局中东欧与中南亚传播中心共同组织的"外交官看中国"活动，走进广东。50余位外国使节到访佛山，调研考察，开展经济文化交流活动。佛山以开放姿态再次拥抱世界，增进了友谊，拓展了发展空间。这是佛山对外经济文化交流的又一佳话了。

图书在版编目（CIP）数据

佛山传：南风文脉一眼千年 / 张况著. -- 北京：外文出版社，2024.2
（丝路百城传）
ISBN 978-7-119-13568-7

Ⅰ．①佛… Ⅱ．①张… Ⅲ．①文化史－研究－佛山 Ⅳ．①K296.53

中国国家版本馆CIP数据核字（2023）第065477号

出版指导：陆彩荣
出版统筹：胡开敏 文 芳

图片提供：蔡坚生 陈狄青 陈 健 邓活生 黄广礼 霍广良 李少阮
　　　　　刘锦辉 骆家洪 容铸华 王伟宏 视觉中国 中新社 等
责任编辑：陈丝纶 焦雅楠
助理编辑：钱品颐
装帧设计：冷暖儿 魏 丹
封面制作：北京凤焉图文设计工作室
印刷监制：章云天

佛山传
南风文脉一眼千年

张况 著

©2024 外文出版社有限责任公司
出 版 人：胡开敏
出版发行：外文出版社有限责任公司
地　　址：北京市西城区百万庄大街24号　邮政编码：100037
网　　址：http://www.flp.com.cn　　　　电子邮箱：flp@cipg.org.cn
电　　话：008610-68320579（总编室）　008610-68996181（编辑部）
　　　　　008610-68995852（发行部）　008610-68996185（投稿电话）
印　　刷：北京盛通印刷股份有限公司
经　　销：新华书店 / 外文书店
开　　本：710mm×1000mm　1/16
装　　别：精装
字　　数：200千
印　　张：19.25
版　　次：2024年2月第1版第1次印刷
书　　号：ISBN 978-7-119-13568-7
定　　价：98.00元

版权所有 侵权必究　如有印装问题本社负责调换（电话：68996172）